JN084490

楯築遺跡

吉備に築かれた
弥生時代最大の墳丘墓

新日本の遺跡 ④

岡山県倉敷市

宇垣匡雅 著

同成社

1　遺跡遠景　北西から

2　墳頂の立石

3　斜面立石

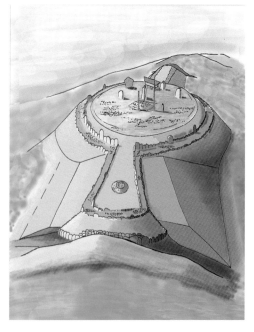

4　遺跡復元図

5 堀切状大溝
と南西突出
部前端列石

6 堀切状大溝
堆積層と前
端列石

7 南西突出部
前端列石東
端

8　円礫堆

9　弧帯文石
　出土状況

10　弧帯文石

11　中心埋葬全景

12　木槨と木棺

13 木棺 副葬品出土状況

14 副葬の玉類

15　特殊器台

16　人形土製品

17　小形特殊器台と特殊壺

18 第2埋葬

19 楯築神社弧帯文石

は じ め に

　遺跡名は楯築。「たてつき」と読む難読名称である。遺跡には地表からの高さが 3 m 前後の板のような大石が何枚も立てられ、頂部から少し下がったところにも板石が立っている。今見ても印象的な景観は古くから人々の目を引いたようで、江戸時代初め頃の書物によれば、遺跡が所在する山は、古くは楯山と呼ばれていた。石でできた楯を築いた山というのが名前の由来である。しかしながら、楯にしてはあまりに大きく、いったい何を防いだのだろう、誰が作ったのだろうか。そうした疑問からコラム 1 で紹介する温羅説話が生まれた。

　史跡の指定名称は楯築遺跡であるが、楯築墳丘墓と呼ばれることが多く、本書での呼び名も楯築墳丘墓とする。

　説明にあたって、遺跡の年代をまず示しておく。遺跡からは多量の土器が出土しており、高杯や特殊器台の特徴で年代を判断することができる。遺跡が築かれたのは、弥生時代後期後葉（後期を前・中・後・末の 4 時期に区分した 3 つめ）である。実年代を細かく推定することはむずかしいが、2 世紀の後半と考えてよい。最初の前方後円墳が築かれるよりも100年ちかく前に築かれた墳墓である。

　前方後円墳に代表される古墳が築かれるよりも前、弥生時代の墓として甕棺がよく知られるが、それ以外に、単に穴を掘って埋葬を行った土坑墓、木棺を地中に収めた木棺墓、通常の土器を棺として用いた土器棺墓などがある。それらにも元はある程度の土盛りが

あっただろうが、遺跡に残るほどの規模ではなかった。そうした一般的な墓とは異なり、土を盛り、周囲を削って大きな墳丘を作り、そこに埋葬を行うものを墳丘墓と呼ぶ。木棺などが棺の種類で区分した名称であるのに対し、墳丘を作るかどうかという区分での名称である。たとえば、佐賀県吉野ヶ里遺跡北墳丘墓の埋葬施設には甕棺が用いられた。

　弥生時代を通じて墳丘墓は一般的ではなかったが（ここでは方形周溝墓等は墳丘墓に含めない）、中国・四国地方の東部から近畿地方北部にかけての地域では、後期後葉以降、大形の墳丘墓が築かれるようになる。その代表が楯築墳丘墓である。楯築墳丘墓は現在知られる墳丘墓のなかで最も大きな墳丘をもつというだけでなく、墳丘の構造や埋葬施設が明らかになっており、そこで行われた葬送の儀式の一端も解明することができた。一見、古墳のようなこの弥生時代の墓は、前方後円墳の創出にあたってどのような役割をはたしたのか、それを読み解いてみよう。

　第1列石や中心主体など発掘調査報告書で用いた調査時の遺構名称は、本書ではそれぞれ上段列石、中心埋葬等と呼びかえている。さて、楯築墳丘墓には弧帯文石が2つある。とても重要な遺物であるが、2つはよく混同されて写真の取り違えも見られる。発掘調査で出土したのが楯築墳丘墓出土弧帯文石である。本書の発掘調査の説明では弧帯文石、あるいは出土弧帯文石と短く記載する。もう1つが楯築神社の御神体として祀られてきた楯築神社弧帯文石である。弧帯文という用語ができて間もないころの重要文化財指定であったため、文化庁では別の名称を考えて旋帯文石としたので、こちらは2つの名前をもっており、ご注意いただきたい。

も　く　じ

第 I 部

遺跡の概要

―楯築墳丘墓とは―

第1章 │ 遺跡のある場所

⑴ 所在地と立地

　築かれた場所や遺跡からの眺めも、楯築墳丘墓の特徴の1つである。まず所在地の説明からはじめよう。遺跡が所在するのは岡山県の南部（図1）で、倉敷市矢部と西山にまたがる。倉敷市の北東部に位置しており、岡山市との境に近い。岡山県から広島県東部にかけてのエリアは古くは吉備と呼ばれたが、その中央にあたる。吉備を区分した奈良時代の国の名を用いれば備中で、その南東部である。

　地図や衛星写真で見る岡山県の南部には広大な平地が広がり、そこに倉敷市や岡山市の市街がある。この平地は弥生時代よりも後に、河川が運ぶ土砂の堆積、そして近世以降の干拓によって形成されたものである。山陽新幹線や山陽自動車道で岡山県の南部を通過

図1　遺跡の位置

　第Ⅰ部　遺跡の概要

するさいに車窓から海を見ることはないが、弥生時代の海岸を復元すると、現在の線路や高速道は海沿いであったり、場所によっては海の上になる。海は現在よりもずっと北側にあり、遺跡の南2.5km付近が海岸であった。弥生時代から人々が暮らした場所は、平野の中に山や丘陵がモザイク状に点在し、平野を生み出すもとになった大小の河川が南の瀬戸内海にむかって流れる、そうした地形である。低地には水田が、平野の小高い場所には集落が設けられた。弥生土器が出土することで古くから知られた上東遺跡、竪穴建物をはじめとする遺構がきわめて高い密度で検出された矢部南向遺跡など、多くの集落遺跡がある（図2）。楯築墳丘墓の近くを流れるのは足守川である。大きな川ではないが、羽柴秀吉の備中高松城水攻めはこの川を利用してなされており、遺跡から遠く備中高松城跡をのぞむこともできる。

　遺跡が所在するのはこの足守川下流域平野にむかって張り出した西山丘陵（図3）のなかで最も高い楯築山（片岡山）の山頂である。それほど高い山ではなく、墳丘の最も高いところで47mである。遺跡からの眺望はよく、東・北・西に視界が開ける。逆にいえばその3方向からであれば、遺跡はよく見える。平らな丘陵の上に低い墳丘を築いても麓からは見えないし、平地では少々大きい墳丘でも遠くからではわからない。しかし、山頂を加工して大きな墳丘を築けば、あそこに大きな墓があるとだれにでもわかる。後に述べるが、墳丘に設けられた構造物は実にビジュアルである。それらは理由があっての作りであるが、どこからでも見えるような位置に築かれている。それまでの弥生時代の墓にはない、「見せる」という立地は大きな特徴なのである。

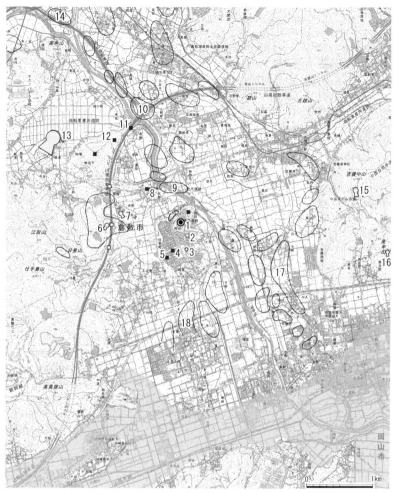

1　楯築墳丘墓　　2　法伝山古墳　　3　王墓山古墳　　4　女男岩遺跡
5　辻山田遺跡　　6　矢部大坺古墳　　7　南代防古墳　　8　鯉喰神社墳丘墓
9　矢部南向遺跡　10　津寺遺跡　11　甫崎天神山遺跡　12　雲山鳥打墳丘墓群
13　造山古墳　14　高塚遺跡　15　中山茶臼山古墳　16　矢藤治山古墳
17　川入遺跡　18　上東遺跡

黒塗りは弥生墳墓。
網かけ部分は当時の推定海域を示す。

図 2　遺跡位置と周辺の遺跡

(2)　遺跡の現在

　さて、実際に遺跡を訪ねたとしよう。地図かカーナビで目的地の見当がついてくる。小高い住宅地の広がりの中にある緑の小山の上であることがわかる。史跡公園の入り口から登っていくと円筒形の大きな建物（給水塔）がある広場に出る。この建物の横にある瓦葺きの建物が楯築神社弧帯文石（重要文化財旋帯文石）の収蔵庫で、細い窓からこれをのぞき見ることができる。もっと大きな窓にしてよく見せてほしいと思われるだろうが、防犯上、旋帯文石が出せない大きさになっているので、ご理解いただくしかない。さて、そこから一段高い場所に上がると立石が目に入る。思っていたよりも大きいだろうか。立石のある平らなところはずいぶん広くて直径30

図3　西山丘陵

mぐらいある。ここが遺跡の中央、円丘部の上である。遺跡の広がりはどこまでなのか少しわかりにくい。東の低くなった側に20段ほどの石段があるが、石段がはじまるところが墳丘の裾である。

　遺跡は円丘部の北東と南西の2カ所に突出部、平面形が台形で円丘部よりも少し低くなる張り出しがあるが、北東の突出部は完全に削られていて付け根が残る状態である。南西の突出部があるのは、いや、あったのは最初の広場の部分であって、上側は削られ下側は工事の土で埋められて給水塔が建設されている。墳丘の両側は残念なことに工事で削られているのである。遺跡からの眺めはよく、木の間ごしに遠くの山々、人家や水田が見える。

　これは本書執筆時の状況であるが、給水塔を撤去し遺跡の整備がなされることになった。遺跡の様子は少しずつ変わっていくことになる。

第2章 墳丘と構造物

(1) 墳丘の形

墳形と墳丘 墳丘は山頂と北東にのびる尾根を利用して築かれている。円い平面形の主丘に、北東と南西の2方向に平面形が台形の突出部が付く。前方後円墳の前方部が2つあるといった形である。双方中円墳という古墳はめったにないが、それがこの遺跡の形に近いとはいえる。ただし、双方中円墳では2つの前方部が一直線になるが、楯築の場合は突出部が伸びる方向がちがっていて、少しだけ折れ曲がった形になる。これは山の形を利用して墳丘が築かれたためである（図4・5）。

円丘部の直径は49m、高さは7m、2つの突出部を含めた長さは推定83mである。全長83mという数値は、後の古墳の規模からすると大したことはないようにも思える。しかしそれは古墳というものに発展した墓との比較であって、楯築墳丘墓よりも前あるいは同時期の墓の規模にくらべると段違いの大きさである。古墳であるのか弥生時代の墓なのか今も議論がある、つまり、古墳時代とすれすれの年代のものを除いた確実な弥生時代の墳墓としては、文句なしに日本最大、空前の規模である。岡山では造山古墳をはじめとする大古墳が築かれたため、古墳規模のランキングに入れると下の方になるが、大きな古墳が築かれない地域であれば、結構上位に位置することになる。

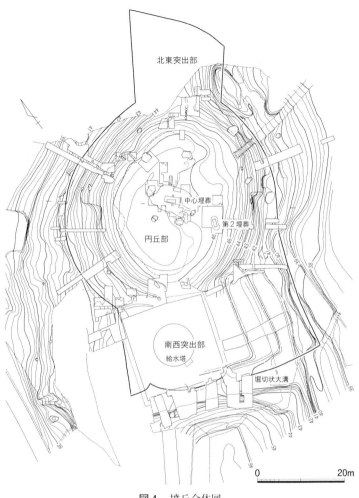

北東突出部

中心埋葬

第2埋葬

円丘部

南西突出部

給水塔

堀切状大溝

0　　　　　　　　　20m

図4　墳丘全体図

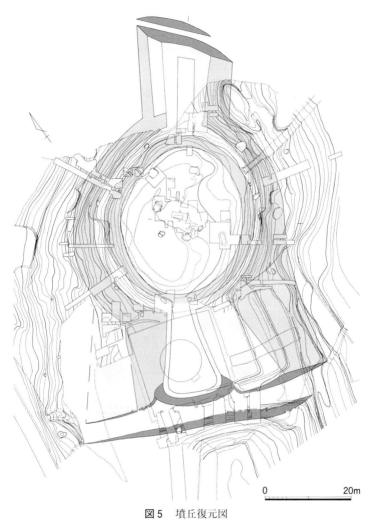

0   20m

図 5 墳丘復元図

墳丘の特徴にもどろう。築造当時、絶対に上空から見ることはできないが、航空写真で見る前方後円墳は左右対称の美しい形をしている。一方の楯築墳丘墓はそれとは異なる平面形である。図5は墳丘の復元図で、傾斜が強いほど濃い色にしている。図の下側になる南西突出部の西側には造成土が広がるので薄く色を入れているが、墳丘という意味では除外できる部分である。平面形を推定できた南西突出部は、東側がきわめて広くて左右対称にならない。何を重視したかといえば側面観、下の平地からどう見えるかである。突出部の裾の位置を円丘部の裾と同じ高さまで下げれば、平面形は左右対称ではなくなるが、墳丘は縦に大きくなる。後ほど説明するが、2つの突出部の先端は切り通しのような掘削を行って墳丘を山から切り離しているので、東の平野側からは墳丘の範囲がはっきりと、そして最も大きく見えたはずである。先ほども述べたように、見せる墳丘である。

円丘部は少しゆがみがあって完全な円形にならない。山を加工して大きな墳丘を作るには十分な設計の技術と過不足のない盛土が必要になるが、盛土がやや不足するなどのため、斜面部分の形成が不十分になったと考えられる。

(2) 墳頂に設けられたもの

円丘部上の平坦面は少し楕円形で、長径33mと広い。その全面に握りこぶしぐらいの大きさの円礫（川原石）が敷き詰められる。そこに立石が林立するわけであるが（巻頭図版2・4、図6・7）、それに加えて木造の構造物があったことが発掘調査で明らかになった。

立　石　　6つの立石がある（図6・7）。立っているものが4基（立石1・2・3・5）、横転した状態のものが1基（立石4）、斜面に落ちているのが1基（立石6）である。立石3を例にとれば、地表からの高さ3.2ｍ（据え直しの安定のため現況はこれよりも低くなっている）、幅2.9ｍ、厚さ53ｃｍ、また、立石1は地表からの高さが3.2ｍ、幅1.3ｍ、厚さ80ｃｍ。控えめに見積もっても前者が6.4トン、後者で6.1トンの重量である。鬼の矢を防ぐに十分な大きさと厚さで、いったいどこから持ってきて、どうやって立てたかという代物である。なお、立石2や5の西側にある石は地山の大石で、立石ではない。

　これらのうち、立石3の調査で石を据えるための掘り込みを墳丘盛土が覆うことが明らかになり、弥生時代に墳丘と一連で設けられたものであることが確定した。立石のなかには横転していて元の位置がわからないものもあるが、大きく位置が変わっているとは考え

図6　墳頂

られず、墳頂部の北東側にかたよって配置されたとみてよい。立てられた石の方向や間隔の規則性を見出しにくく、どういう意図で立てられたのかは難問である。これについては墳頂の他の遺構についても説明が必要なので、その後で筆者の考えを示す。

大柱と木柱　墳頂に設けられた構造物で最も高いのは立石ではなく木造の柱、大柱である。発掘調査によって、大きな柱を立てるための円形の掘り込みと、そこから横に伸びる溝の存在が明らかになった。調査域外は発掘していないため、掘り込みはしゃもじのような平面形である（後掲図17）。溝が付いていると長い柱を掘り込

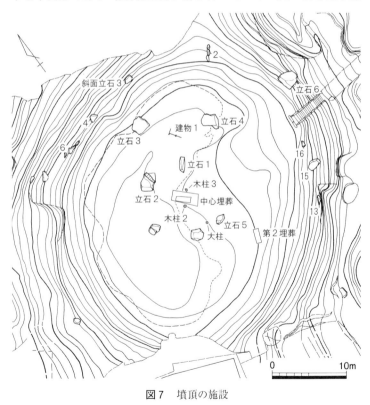

図7　墳頂の施設

みに突っ込むのが容易になるが、それ以上によいのは土の搬出である。穴を掘るということは、土を穴の底から出すということであるが、深い穴を掘るのは大変である。横に溝を付けておけば、そこから土を出していくことができる。大柱が立てられるのは中心埋葬にごく近い墳丘の中央である。柱の直径は根元で29cm、地表から深さ1.7mが埋め込まれていた。元の高さはわからないが、現在の電柱が柱の長さの6分の1を埋め込むよう定められていることを参考にすると、8.5mになる。電柱ではないし木の先端まで使ったであろうから、10mをはるかに超える高さであったとみてよい。

　大きな柱穴と溝をセットで掘り、そこに柱を立てる大柱は北部九州で発展した墓の付属施設で、九州以外の地でこれが設けられたのは楯築墳丘墓だけである。楯築墳丘墓を作るにあたって他の地域の祭祀を導入したわけである。九州では墓群の端に設けるのが一般的であるが、ここ楯築では墳丘の中央に設置するという改変を行っている。

　これ以外に、墳頂部に設けられた埋葬施設を挟むように立てられた柱が2本（木柱2・3）ある。太さは35cm前後で大柱よりも太いが、埋め込まれた深さは70cm程度である。大柱を上回る高さはこの埋め込みでは無理がありそうで、それよりは低いと考えているが、それでも立石よりは高くそびえていたと思われる。

　建物1　木造の構造物はもう1つあり、それは建物ではなかったかと考えている。立石1と立石3の間になる位置で2つの柱痕跡を確認した。柱は布掘りという少し変わった方法で設置されていた。通常、柱を立てる場合には個別に穴を掘って柱を立てるが、そうではなく長い溝を掘ってそこに柱を配置するという方式である。柱の

痕跡は通常の場合と異なって円形ではなく長さ26cmの細長い形で、痕跡化する過程で形を失っているのでなければ、角柱の可能性があるのではないかと考えている。

検出した柱穴は木柵や立石を構築するさいの支柱などの可能性もある。しかし、それらで手の込んだ柱穴を設けるとは考えにくく、特別な建物が設けられたと考えている。部分的な調査にとどまっているため建物の大きさは不明であり、将来の探査でそれが解明されることを願っている。

以上のように、墳頂部には現在見ることができるもの以外に、さまざまな構造物が配置されていたのである。

コラム１：温羅説話

楯築遺跡にまつわる説話がある。温羅征伐である。古い史料をさがして読んでみると、大筋は同じながら細部は少しずつ異なっていて、現在よく知られるものに最終的に落ち着いたようである。ここでは、楯築大明神の縁起を簡単にまとめてみよう。

孝霊天皇の御代、吉備に温羅という鬼が住み着いた。身の丈４mで火を吹き、空を飛ぶ。暴虐の限りを行ったので人々は都へ逃げのぼり帝に惨状を訴えた。驚いた帝は鬼の討伐に子の五十狭芹彦命（後の吉備津彦命）を派遣することとした。命はまず吉備中山に到着。西にある丘陵（楯築山）が格好の要害であるのでここを本陣とした。

数度の合戦に及んだが、命が放つ矢は鬼が放つ矢と空中で喰い合って落ちるばかりで月日が流れる。その間にも鬼は雷を落として人を焼き、鬼の手下は徘徊して犠牲となる者は数知れない。命の部下の活躍で鬼の手下は討ち取ったものの、手下を失った鬼は怒り狂って岩を飛ばし火を

降らせ、雷を落として山川を震動させる。

　これに対するため命が天に祈ったところ、龍王が白頂馬岩に乗って飛来し、住吉明神も現れる。竜王がこの岩に乗って２本の矢を同時に放てと告げ、命が２本の矢を同時に射たところ、１本は鬼が投げた岩に当たったがもう１本は見事鬼に命中。転げ落ちた鬼の首をついに取った。

　矢合戦のあと傷を負った鬼が鯉に変身して逃げるところを鵜に変身した命が捕らえ、さらに討たれた鬼の首がいつまでもうなり声をあげたため吉備津神社の御釜殿に祀ることになったと、さらに話が続くものが現在よく知られるが、この縁起では遺跡の楯石などの由来を説く。陣跡の中央に祀るのは白頂馬龍神石（楯築神社弧帯文石＝旋帯文石）、右脇の楯石は火の旗を立てた石（立石１）、それの向かいは馬建石（立石３）、左は馬盥石（立石２）、陣の後を守る住吉明神の腰掛石（立石４）などであり、山中の18カ所の石（斜面立石）は矢受石で軍勢の楯石であるとされる。

　近年、説話は大和が吉備を屈服させたことを反映するという解釈が示されているが、史料を読む限り、とてもそうとは思えない。楯築の立石や弧帯文石、古代山城鬼ノ城の石垣など、人が造ったとは思いかねる不可思議なものの由来を考えた中世・近世の人たちの豊かな想像力に、素直に感心すべきである。

(3)　斜面の構造物

　墳丘斜面の中ほどには石を用いた施設が設けられる。墳頂の縁から３ｍばかり外側の位置に、上下２列の列石を2.5〜2.9ｍの間隔で設け、その間に円礫を敷き詰める。これが墳丘全体をめぐる（図８・９）。低くなる突出部では、上面の縁に上段列石がくる（図10・11）。斜面施設に限ったことではないが、この遺跡の石の据え

付けは石をあまり埋め込まずに立て、石の上側をなるべく広く使っているため、石が横転・脱落しやすいという難点がある。そのことと後世の石の抜き取りのため遺構が失われている箇所も多い。上段の列石は板石を垂直に立てた列石とするが、石が小さい場合には上に石を加える。高さ45 cm ほどの石の壁が続くが、そこに３〜７ m の間隔で大きな板石をまじえる。墳丘からの高さ１ m 程度、大きいもので２ m の斜面立石である。この斜面立石（巻頭図版２、図８・12）が縁起で「軍勢の楯」と呼ばれたものである。円丘部は基本的にこの作りであるが、円丘部のくびれ部側では斜面立石の大き

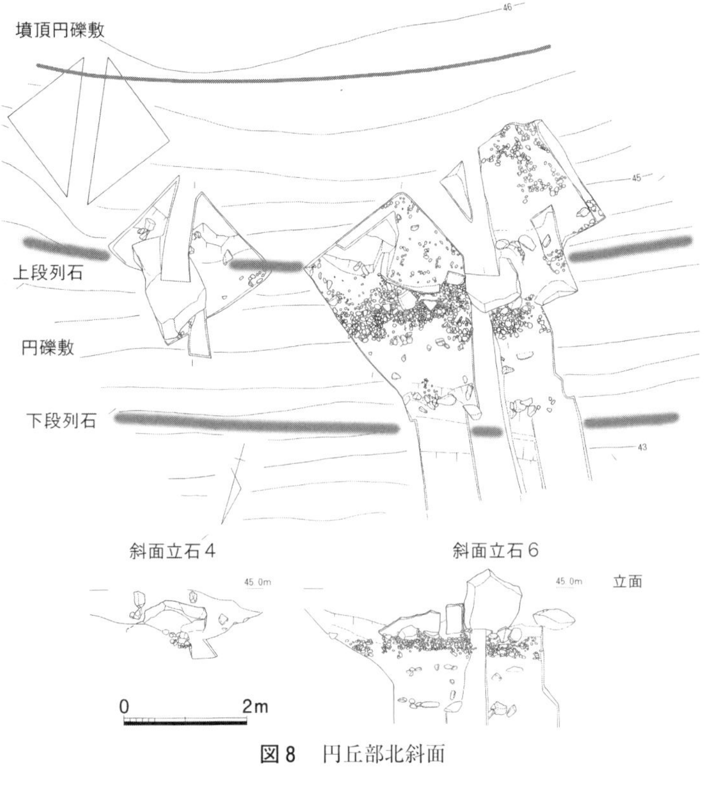
46
墳頂円礫敷
45
上段列石
円礫敷
下段列石
43
斜面立石４
斜面立石６
45.0m
45.0m
立面
0
2m

図８　円丘部北斜面

さにちかい石を連続して用いて高い列石とした可能性が強い。北東突出部の上段列石も大形の板石を連ねて高さ50 cm ほどの列石とする。

　下段列石は脱落が多く、北東突出部や円丘部のごく一部にしか残っていない。北東突出部では高さ40〜60 cm の上端がやや不揃いな列石の状態であったが、元はそれらの上に小さな石を加えて高さ50 cm 程度の石垣にしていたとみられ、上段列石の作りと同じである。上段列石と同様に、幅と長さが他よりも大きな石を 3 m 程度の間隔で配置したようである（図10）。大きな石の高さは60 cm、上端が墳丘から少しとびだす程度で、斜面立石とまではいかない。また、くびれ部付近では石は抜き取られているものの、それを据え付けた穴は深く、大形の石を連ねるようになっていたと考えられ、これも上段列石と同様である。

　このように、上段・下段の列石はほぼ同じ作りであるが、上段が下段よりも一回り大きな石を使う。斜面立石は配置状況を把握しにくいが、残ったもので検討すると墳丘の南東側で 3 m、北西側で 5〜7 m 前後の間隔であり、平野に面する南東側で配置の密度を高くする。

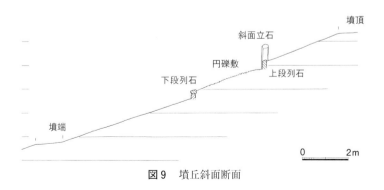

図9　墳丘斜面断面

墳頂円礫敷

断面・立面

上段列石

円礫敷

下段列石

図10 北東突出部（東側）

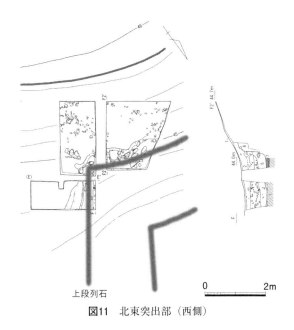

上段列石

図11 北東突出部（西側）

0　　　　　　　2m

　２つの列石の間には川原石を10cm以上の厚さで敷き詰め、そこに特殊器台、特殊壺、長頸壺、家形土器など大形の土器が配置された。

⑷　立石と二重の列石の意味

　墳丘斜面に設けられた上下の列石は、２重にめぐらせた石の壁と言ってよい。作りから見て、外からの侵入を防ぐためのものとしてよいだろう。斜面に段差を作ることになるので人や動物が入り込むこともむずかしくなるが、そのためであれば垣根か土塀のようなものでも用は足りる。そうした目的ではなく、斜面立石をまじえて形成された威圧的な景観は、悪いものや邪悪なものが聖域の中に入る

のを防ぐ、それを目に見える形で示すために設けられたと考えている。

　くびれ部ではとても乗り越えられない高い石壁にした可能性が強く、なぜそこに重点をおいたのかを考えていく必要があるが、それが理想とする姿であったのではないか。これを墳丘全周に設けるためには膨大な量の大きな板石が必要となってくる。しかし花崗岩質

図12　円丘部北斜面　上段列石と円礫敷

図13　北東突出部
下段列石と流れ落
ちた円礫

のこの地域では、板石を採取できる場所は限られていて、しかもそれらは遠いところなのである（コラム２）。相当な量の板石を集めて運び込んだと考えられるが、長さ1.5ｍ前後の板石を大量に運ぶのはさすがに無理があるので、間隔をあけて斜面立石を配置することにしたのではないかと考えている。

　このことを踏まえて墳頂の立石にたちもどれば、墳頂の立石も同じ機能をもったものとみてよいのではないか。斜面立石よりもはるかに大きく、悪しきものからの遮蔽・辟邪を最も強く表示したと考えられる。さて、何を悪しきものから守るのか。普通に考えれば中心埋葬、その被葬者であろう。その可能性はもちろんある。ただ、遺存した立石と横転したり脱落した立石の配置を復元してみると立石は墳頂の北東側に片寄っていて中心埋葬を守護していないようだ。解釈の１つは、北東突出部側が弱点になるなど何らかの理由があり、その側に集中的に立石を配置して中心埋葬に対する守護を表示した。もう１つは、最も守るべきは墳頂部の北東に設けられた建物、ここに楯築神社弧帯文石が収められたのではないかと思っているが、それの東西南北を守る形で配置されたという案である。そのいずれが正しいのかを決めることはできないが、現在、後者を考えている。

　なお、墳頂の立石のうち、立石５がその代表となるが、板石ではなく棒のような幅が狭くて高さがあるものがある。これらは木柱と同様の柱、石の柱であった可能性がある。木や石の柱は何のために、それは中心埋葬や弧帯文石を説明してからにしよう。

　縁起では、斜面の立石を含めた立石を石の楯と呼んでいる。まことにうまく形容したものと言えるのだが、実は、築造した人たち

が、だれがどう見てもそのように見えるように作ったのである。

楯築には膨大な量の石が用いられた。大小いろいろであるが、どれも平らで、板石をそろえようとしたと思って間違いない。しかしこれは相当に大変であったようだ。遺跡下側の斜面や工事で掘削された場所には、ところどころに大きな石が見えるが、球形であったり少し長い卵形であったりと、どれもが丸い大石である。そのあたりに転がっている板石を持ってくるということではないのである。後の時代には大石を割って板石を作ることができるようになるが、遺跡の石は自然にできた板石である。

楯築墳丘墓に使われた板石は花崗閃緑岩・花崗岩・流紋岩の3種類で、花崗閃緑岩が最も多く、次に花崗岩、流紋岩はほんの少しである。これらの岩石がどのように広がっているかをごく大まかに言うと、花崗閃緑岩は遺跡が所在する西山丘陵とその西側にかけての地域、花崗岩はそれの外側一帯、流紋岩は遺跡からかなり離れたところに点在するという状況である。3種類の岩石の量は遺跡からの距離に比例している。

丸い大石ではなくて、板石はどんなところにあるのだろうか。このことを岩石学の先生におたずねしたところ、海岸や川岸などで急速に浸食が進んだ場合、花崗閃緑岩や花崗岩は板石になるとのこと。

楯築墳丘墓の石材採取の場所そのものを特定することは無理であるし、古墳の横穴式石室を造るために石材を取るなどで石が取り尽くされているかもしれない。とにかく行ってみることにした。岩石地図を片手に遺跡に近いところから順番に、谷や川筋を調査である。「この谷ではないなあ」、「ここはマサ土だけで石がない」、「成果はないしイノシシに出くわす前に引き上げるか」、こんな具合である。

花崗閃緑岩は遺跡から南へ900 mの岩倉神社境内付近ではなかろうか。花崗岩は遺跡の北6.1 kmの渓流ではないかという答えに行き着いた。岩倉神社内は近いが、かつての小丘陵を洗い削って石を残すことになった川が、遺跡のある西山丘陵との間を隔てる。花崗岩の方も足守川をこえる必要がある。そもそもこの当時、大石を運ぶノウハウが全くないのであるから、村中総出の大騒ぎで運んだのではないだろうか。流紋岩の方は、高い山に登ったり川岸を歩いたりと捜索範囲を広げるが、石の質がどうも合わない。遺跡にある流紋岩は小さいので、遠くの人たちが協力の意味でとんでもない遠方から持ってきたのではないかと思っている。

　空前の大事業である楯築の築造、それを実感した調査であった。遺跡の石には、かなり分厚かったりカーブしていたりと、板石というには難があるものも見られる。理想的な形の石ばかりではないので、これで我慢しようと折り合いをつけたのだろう。

⑸　南西突出部前面の施設

　上段・下段の列石と円礫敷からなる遮蔽施設が墳丘斜面の中ほどをめぐることを述べたが、南西突出部の先端部分ではそれに加えてさらに大規模な施設が設けられたことが明らかになった。遺跡の現状で述べたように、北東突出部と同じく工事によって削られているので、すべて消滅したと考えられていたが、低い位置に設けられた先端部分が遺存していたのである。

　遺跡の南西に残丘のようにわずかに残った山頂部分、それの手前が突出部の先端にあたるが、ここでは現在の地表の下1.5 mのところに工事前の地表がある。このように深いところに地表があるのは、この部分に深い堀割のような地形があったためである。この地

形は南北に長い山頂を東西方向に断ち切っていて、大正時代の調査では墳丘墓とは別の、戦国時代に設けられた山城の堀切と考えられた。羽柴秀吉による中国攻めに対するため毛利氏は備中高松城付近の布陣を打ち合わせるが、そのさいに、この山にも軍勢を配置することとしており、これによる構造物と判断したようである。しかし、調査の結果、これは弥生時代の遺構であることが明らかになった。これを堀切状大溝と呼ぶ。

堀切状大溝 堀切状大溝は、上側が削られて下半分しか残っていないが、山頂からの深さ4.3m、上面幅推定7m、底面幅3〜4mである（図16、巻頭図版5・6）。検出した長さは23mであるが、少なくとも60m程度はあったとみられる。墳丘を山から切り離すための造作であり、空前の大工事であったと思われる。

堀切状大溝の山側の斜面の角度は30〜45°であった。かなりの急勾配であるが、堀切状大溝の底面に近い部分ではそれどころではない60°を超える角度になっていた。堆積した土は1.5mという分厚さだが、それは斜面の上側が崩れて溜まったものであるので、元の斜面は下の方にだけ残ったと考えられ、約60°という角度であったとみて間違いない。大変な急勾配である。遺跡が所在する楯築山の地質は花崗閃緑岩で深くまで風化しているが、マサ土の中に直径1〜3mの丸い巨石を含んでいる。斜面にはそうした巨石が飛び出した状態で点在していたようで、初期の堆積層には落下したそれらが所在している。築造時の堀切状大溝の底に立ったとすれば、大石があちこちに見える急勾配の崖に挟まれた谷底のような景観であっただろう。

突出部前端列石 堀切状大溝の底面は山頂であった箇所が最も高

く、東西の両側に緩やかに下がる。この底面の墳丘側が突出部の前端となるが、ここには大規模な列石が設けられる（図14・15）。検出した列石の長さは15ｍ、平面形は直線ではなく緩いカーブをもつ。中央部のやや東側では丸みのある長さ１ｍの大石を並べ、その両側では長さ70㎝前後の板石を連ねる。大石の連続である。さらにこの列石の中央部付近、堀切状大溝の中央にあたる部分では、ほとんどが崩れ落ちていたが、長さ30㎝前後の石を積み上げた石垣を列石の上に設ける。列石と石垣を合わせた石の壁は1.3ｍの高さになる。さらに、東側では列石の端の状況が明らかになったが、ここでは突出部中央のように墳丘に石をもたせかけて石の壁とするのではなく、石を垂直に立てて上半が地表よりも上に出る斜面立石と同じ形に変えており、列石の位置も少しずつ上になってくる。そこから先は失われているが、突出部の稜線にそって上に続いていたと考えている（巻頭図版７）。

　円丘部で見られた上段・下段の列石と円礫敷は突出部前端列石よりもずっと上、突出部上面の縁にあったと考えられる。急勾配の法面の上に作られたため下に崩れ落ちていて、堀切状大溝の堆積層からは大量の円礫と円礫敷の上に置かれていた多数の土器が破片となって出土した。

　先に述べたように墳丘斜面は上下２段の列石と円礫敷をめぐらせるのが基本であるが、南西突出部前端だけはそれに加えて突出部前端列石を設けている。通常は２重の遮蔽線であるが、ここだけそれを３重とするわけであり、基本の上下２段の列石が墳丘外側からの見た目も考慮しているのに対し、３重目の遮蔽線は堀切状大溝の底に立たないと見ることはできない。ここにもう１つの遮蔽線が設け

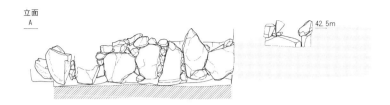

立面
A

42.5m

平面

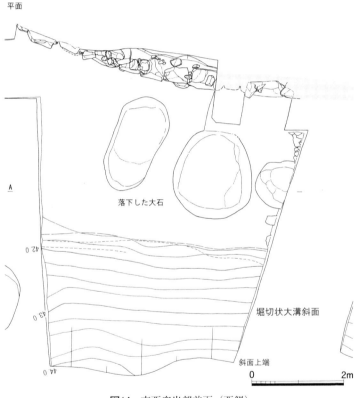

A

落下した大石

堀切状大溝斜面

斜面上端

42.0

43.0

44.0

0 2m

図14 南西突出部前面（西側）

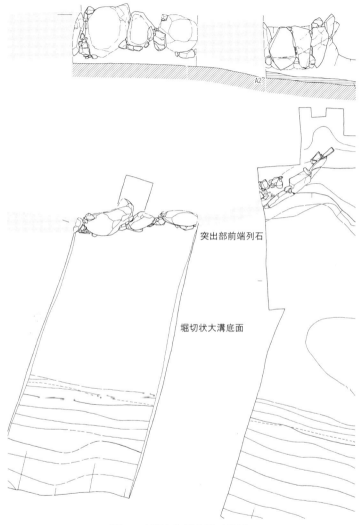

突出部前端列石

堀切状大溝底面

図15 南西突出部前面（東側）

られた理由について手がかりになると考えているのが、堀切状大溝底面の状況である。底面から飛び出した地山の石を掘り取って底を整え、厚さ20cmの整地土を入れている。山頂の稜線を切断して墳丘を明示するためだけであれば掘ったままでよく、底面を整える必要はない。大規模な掘削によって底面は墳丘の裾から続く緩やかな斜面となっており、ここが墳丘へ至る通路として用いられたと考えられる。外の世界とつながる箇所であるため、遮蔽線を増やしたと考えている。

⑹　墳形と突出部

　遺跡は円形の主丘に２つの突出部をもつ特異な墳形である。弥生

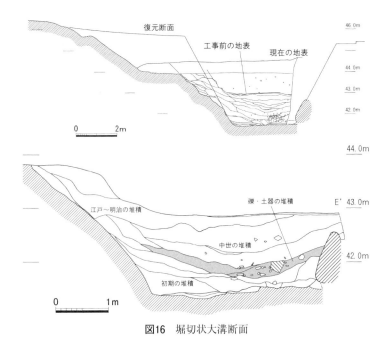

図16　堀切状大溝断面

時代中期の初めなど、よほど古い時期を別にすると吉備の墓の平面形は四角形であり、ここで新たに円い形が登場する。楯築墳丘墓が築かれた弥生時代後期に円形の墳丘を築いていたのは吉備の東側、播磨や摂津地域で、円形周溝墓がある。築造にあたってこの地域の円形の墳丘を採用したと考えられる。

　楯築墳丘墓の突出部の構造は部分的にしかわかっていないが、南西突出部で前端の様子を知ることができた。そしてもう１つ明らかになったのは、埋葬施設の存在である。西くびれ部の調査はくびれ部の状況を把握することを目的に実施したが、ここで排水溝を検出した。中心埋葬に設けられた排水溝を少し小さくしたような形状で、南西突出部からのびていることが判明した。工事で掘削され消滅しているが、南西突出部には中心埋葬に次ぐ規模の埋葬が所在したことが明らかになったのである。

　突出部とは何であるのか。これは前方後円墳の前方部は何のためにあるのかという問題に直結する。突出部をもつ弥生時代の墓は少ないが、その問題を考えるなかで議論され、突出部は埋葬がある部分への一種の通路ではないかと考えられてきた。突出部の例としてよく知られるのが中国山地から山陰地域にかけて分布する四隅突出型墳丘墓で、方形の墳丘のコーナーが大きく飛び出した平面形である。この飛び出し部分が突出部であり、古い段階では突出部の上面に石を並べて踏み石のようにしたものがあることから、墳丘へ上がる通路が整えられ、その形が墳墓のスタイルとして定まったものと考えられている。

　四隅突出型墳丘墓の突出部は一種の通路であるとすることに異論はない。四隅突出型墳丘墓の突出部は通路であるため、上面は墳丘

の裾にむかって下がっていく。それに対して楯築墳丘墓の突出部上面は工事前の写真などからほぼ水平であったことがわかる。そして前面には深い堀切状大溝を設けていて、とてものことではないが上面を通路として用いることはできない。平面形では同じように見えるが、断面形が全く異なるのである。突出部という同じ名称を用いているが、楯築墳丘墓の突出部は四隅突出型墳丘墓の突出部とは別のものであると考えたほうがよい。播磨の円形周溝墓で周溝をわたる通路（陸橋）が設けられた例があり、円形の墓を設けるにあたってそれも採用されて楯築墳丘墓の突出部の原形となった可能性はあるが、陸橋は短くて埋葬を行う場ではない。あくまで形を導入したのであって、通路としての機能は採用されなかったと考えられる。楯築墳丘墓の突出部は通路ではなく埋葬を行う場として設けられた。

　円形と方形が合体した、かつてなかった形の墓とするために突出部は設けられ、これが古墳の前方部の原形になったと考えている。

第 3 章 | 円礫堆

　円丘部墳頂の中央、後に中心埋葬（図17）の存在が明らかになる部分では、長さ 6 m の楕円形で、中央が低くなる浅い皿状に円礫が広がる。円礫の層は中央で急激に厚さを増し、最大で1.1 m の厚さになる。円礫が充満した落ち込みは長さ4.1 m、幅2.0 m の長方形にちかい平面形である。この円礫の堆積を円礫堆（えんれきたい）と呼ぶ。分厚い木材で構築された木槨（もっかく）と木棺もやがて朽ちて消失し、木槨が設けられた箇所の上に大きな陥没が形成されてそこに大量の円礫が落ち込み、周囲には墳頂部に敷き詰められた円礫敷が残ったのである。陥没に周囲から円礫が流入して円礫堆が形成されたかに見えるが、円礫堆の遺物の出土状態から、そうではなくて中心埋葬の上に作られた円礫の高まりが陥没に落ち込んだ状態であることが明らかになった（巻頭図版 8 、図18）。

　円礫堆には大量の遺物が含まれていた。円礫堆の上面からは特殊器台の大きな破片が折り重なって密集した状態で出土した。壺の破片も特殊器台片に混じる。それよりも下の円礫層中からは人形土製品、土製勾玉、土製管玉、装飾高杯、高杯、脚付直口壺、器台などの土器と土製品、ほぼすべてが破片の状態で出土した。人形土製品は上層、土製の玉類はおもに下層から出土した。高杯、脚付直口壺、装飾高杯、鉄器は上層・下層の区別なく円礫堆全体から出土した。高杯と脚付直口壺の出土量が最も多いが、両者は土質も大きさ

も同じであるため細かい破片になってしまうと見分けがつかない。太い脚の部分で数えると両者合わせて93個の出土である。これらの土器・土製品以外の遺物として弧帯文石、鉄器、種子、朱がある。弧帯文石は円礫堆中ほどの深さで破片が出土しはじめ、底の中央には破片を生み出す元になった弧帯文石の本体部分が所在していた

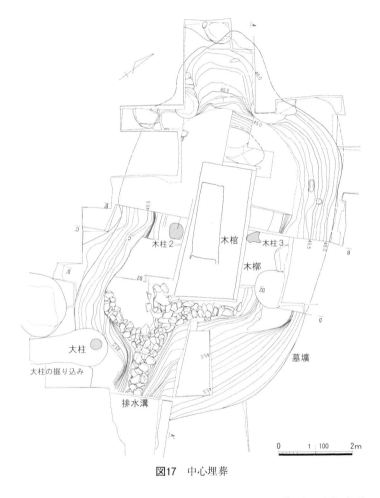

図17　中心埋葬

（コラム3）。

　円礫堆に含まれる遺物は葬送の祭祀に用いられた器財と考えられる。どれもが破片となっていることから、埋葬施設を埋め戻した後、つまり祭祀の終了時に割り砕いて、また、あるものは破片の状態で持ち込まれ、それを円礫とともに積み上げて高まり（円礫壇）を形成したと判断できる。それが後の陥没によって地中に飲み込まれるように落ち込んだのである。

　出土遺物のうち最も特徴的なのは弧帯文石で、上半部分が砕かれて大量の破片になっていた（巻頭図版9）。土器なら叩けば割れるが、石を砕くとなると簡単ではない。弧帯文石の破片は表面が薄く剥がれたようなものが多く、劣化して脆弱になったものを含んでいる。そうした特徴から、他の石でたたくなどの打撃で割ったのではなく、石を焼いて劣化させて破砕したと判断した。同時に焼かれたのは割った土製玉類と数個体の高杯・脚付直口壺などである。土器には熱によって膨張したものもあり、かなりの高温で焼かれたよう

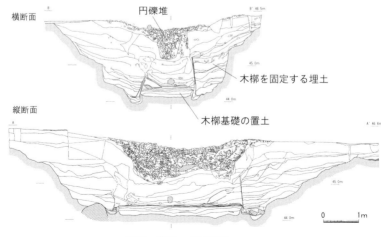

図18　墓壙・木槨断面

である。弧帯文石を焼いて劣化させ割り砕くというだけではなく、土製の勾玉や管玉は割ったうえでさらに焼いている。葬送の器財は二度と使うことがない、使ってはいけないものである。それらのなかで最も重要な機能をもった弧帯文石を焼き割ることが目的であったと考えられるが、単なる処分ではなく、それ自体が最終段階の祭祀であったとみられる。

　出土遺物で最も多かったのは高杯と脚付直口壺で、大変な数である。これらは小形で飲食用の土器なので、葬送の儀式に参加した人たちが、墓の上、被葬者の霊前で飲食の儀式（共飲共食）を行ったことを示すという説がある。しかしながら、儀式の後に用いた土器を壊して円礫とともに積み上げたとすれば、少々破片が流出したとしてもそれなりの量があって土器は復元できるはずなのであるが、破片は全く足りない。これらはそうした用い方がなされたのではなく、集落でなされた儀式に用いた土器の一部を持ってきて埋葬施設の上に収めたのではないかと考えている。

コラム3：弧帯文石

　発掘がはじまってしばらくした後、祖母が急逝したため調査を数日休んだ。現場に戻った日、近藤義郎先生は悔やみの言葉を述べられた後「ちょっとこっちへ」。何のことやらの筆者を横目にテントの周囲に誰もいないことを確認した後、「きのうこれが出た。僕はびっくりして、すぐに祠の亀石（楯築神社弧帯文石）に欠損があるのかどうか調べたが傷はないんだ。ということは…」「もう一つ…」。目の前には特徴のある文様が刻まれた石の破片があった。

　これが弧帯文石との長いつきあいのはじまりだった。円礫堆調査の自

分の持ち場に戻って掘り下げを続けたところ、同様の破片が出土しはじめ、ついにはそれの本体の存在が明らかになった。しかし、である。それの周辺から出てくる破片はたいへんな数で、それらの位置を記入しながら取り上げるのは一手間がある。それよりも問題は、石片は脆く検出が一苦労。土の中から角砂糖を壊さないように掘り出す、そんな状態のものすらあった。

　現場での調査を終えた後、接合作業にかかった。大きな破片の接合は簡単であったが、ひどいところは幾重にも割れているので、ああでもないこうでもない状態。位置がわかったものから順に接合状況図を作成する。中心部分の接合を終えると表面、文様がある破片の接合となる。大きな破片は位置がわかり元の形と文様が明らかになってくるが、小片がつらい。割れ口がシャープでさえあれば、どんな破片でも接合できるのだが、割れ口が粉状になったものが残ってくる。確実にここに付くと判断できたものはすべて接合したが、線刻のある小破片がなお残る。これはこの2カ所のどちらかになるだろう、このあたりになるんだが、などである。このあたりでいいかで接合してしまえば見栄えはよくなるが、後々の文様研究のことを考えれば、そんな無責任なことはできない。

　この弧帯文石を焼き割った弥生の人も、まさか1800年以上も後に接合を試みる人間がいるとは思わなかっただろうが、焼き割ることを考えた人が一枚上手である。接合は泣く泣く投了となる。

　接合しつつ文様の実測も進めたつもりであるが、表面の状態が良くないので割付け線を設けることはできず、曲面であるため実測は遅々として進まない。これに専念していればそれでもどうにか仕上げることができたのではないかと思われるが、その作業と並行して特殊器台の復元を行っていたため、そちらを優先せざるをえなかった。弧帯文石の実測図作成は、報告書作成に際して新納泉さんと四田寛人さんの協力をあお

ぎ、SfM、ごく簡単に言えば写真を用いての立体画像作成で実施した。最新技術の威力である。とにかく、何から何まで手がかかる遺物であった。

第4章 | 中心埋葬

　墳丘斜面に設けられた2重の、突出部前端を加えれば3重の遮蔽線で守られた墳丘の中心、墳頂平坦面の中央にあるのが中心埋葬である。それを設けることを目的に、この遺跡は築造された。

⑴　棺槨と副葬品

　墓壙　深い位置に埋葬施設を設けるため、墳頂部の中央に大きな墓壙が掘削される（図17、巻頭図版11）。長さ10.4 m、幅5.8 m、地山を少し削って設けた掘削面からの深さ2.1 m の規模である。北西側が少し飛び出したようになっていて南側は広くなり、少しいびつな平面形である。当初からこうした形にしようとしたのではなく、これは築造時の苦労を示すものであるようだ。先に南西突出部前面の堀切状大溝で述べたが、楯築山の地山には風化しきれなかった岩盤の残り、コアストーンと呼ばれる巨石が散在している。これが所在したため墓壙の北西側は掘削幅が狭くなり、不整形な形になったとみられる。墓壙にはこの他にも地山の大石が残っているが、立石や列石などの大石を自在に取り回している一方で、それらよりも小さい石を除去できていないのは不可解である。埋葬施設の構築にあたった人員と墳丘外側施設の建設にかかわった人の数が相当異なると考えるしかない。また、墓壙南側の形状であるが、この部分では墓壙斜面の下部が外に広がっていて、斜面をえぐったよう

な形になっている。この部分は発掘調査中にも水が出ていたが、湧水のため掘削中に斜面が崩壊し、崩れた土を取りのけた跡とみられる。崩れが大きかったため平面形もかなり変形したと考えられる。小判形の平面形に計画されたが、支障やアクシデントで形状が変わったと考えられる。

　いろいろと大変だったようであるが、2段掘りの墓壙が完成する。斜面の中ほどに狭いテラスを設け、それより下は垂直に近い角度である。

　木槨　墓壙の中央に木造の埋葬施設、木槨^{もっかく}が構築される（図19・20）。木槨は中国で成立、発展した埋葬施設で、大きな箱形の空間を作って棺を収めるものである。側板や蓋板^{ふたいた}など板という言葉を用いるが、現在の私たちが目にするような薄い板ではなく、厚さ10 cm など、ちょっとした柱ほどの厚さの板や角材である。横穴式石室のように構築した状態が残っていればよいのであるが、分厚い木材を用いても地中の木造施設であるため部材は全く残っておらず、発掘調査では板材が置き換わった粘土や土どうしの差から構造を読み解いていくことになった（コラム4）。板の周囲を土で固定した部分では大きさをどうにか確認できたが、縦方向、たとえば蓋板の厚さなどについては、板が圧縮された痕跡となっていたため不明であり、構造が推定となる箇所も少なくない。

　木槨の構築にあたって、まず墓壙の底面に長方形に溝を掘り、そこに四方の壁材を支える基礎となる礎板を据える。礎板を水平に設置するためか、礎板の下に細い角材が置かれているところもある。礎板の上に四方の壁材、小口（長方形の短い側）板・側板を設置する。この中に土を敷き、それを土台として、かなり手が込んだ作り

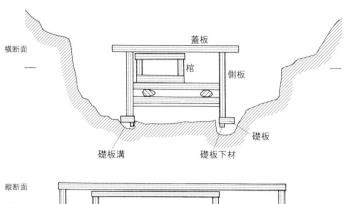

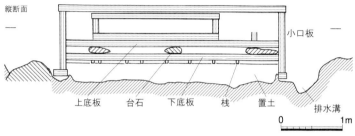

図19　木槨・木棺の復元断面と各部の名称

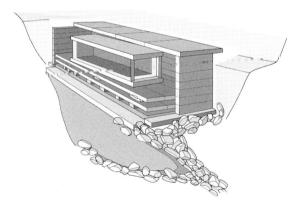

図20　木槨・木棺復元図

の底施設を設ける。まず、短辺と平行に長い材木（桟）を何本も並べ、その上に下側の底板を設置する。下底板の上には厚さ10 cm ほどの石6個を長辺にそって3個ずつ2列に配置する。そしてそれを支えとして上側の底板を設ける。これによって上底板と土台部分との間には2層の空間ができる。壁部分を側板・小口板と呼んでいるが、大きさから考えて1枚板ということはありえず、複数の材木で構成したと考えられる。厚さは10 cm と判断できるが、高さを推定する手がかりがほとんどない。復元イラスト（図20）ではある程度の高さがある角材としたが、側板痕跡下部の土層の変化などから、高さも10 cm 程度の角材を積み重ねて壁面としていた可能性もある。底部分を作るときに四方の板、側板と小口板をどの程度まで作っていたのかはわからない。おそらくは底の構築に合わせて四方の壁も作り、その高さまで墓壙を埋め戻して壁材を固定したと考えている。

　木槨の上底板の痕跡は薄い赤色をしており、朱塗りである。最後に配置される蓋板も朱塗りであったことが明らかになっている。側板・小口板も側板痕跡に朱が付着する箇所があることや側板痕跡下部に溜まった朱の様子などから朱塗りであったと判断した。木槨は内側全体が真っ赤であったと考えている。

　木槨内側の大きさは長さ3.6 m、幅1.6 m と広い。内側の土台（置土）から蓋板が乗る高さまでは88 cm である。板材の厚さの見積もり次第で上底板の位置が変わってくるため、上底板から蓋板までの高さの推定はいささかむずかしい。上下両の底板などの厚さを10 cm と仮定し台石や桟の厚さを考慮すると木槨内の高さは45 cm 程度となり、上下の幅はそれほど大きなものではなかったと考えられ

る。

　平面図（図17）からわかるように木槨は一方の側板が長く、整っ
た平面形ではない。この理由はよくわからないが、未調査の北西側
に地山の大石が所在したため予定とは異なる形状に修正して構築し
たのではないかと考えている。

コラム4：木槨の発掘

　楯築の木槨調査は大変だった。これに関わったメンバー全員の思いで
ある。

　遺跡はそれぞれちがっていて同じ遺跡はない。これはよく言われるこ
とであるが、一方で参考になる情報や事例はある。遺構の場合、竪穴建
物であれば床面があるし、通常、柱穴がある。年代によってはカマドが
作ってある。そうしたある程度の定石がある。しかし、楯築の木槨は参
考資料が皆無どころか、それ以前の問題で、木槨という埋葬施設が日本
列島にあるという考えがなかった。楯築の調査によって、あれも木槨で
はなかったのかと以前の資料が再評価されたり、その後の調査では木槨
も埋葬施設の可能性の1つと考えられるようになった。

　発掘調査を進めていくうち、規模の大きな埋葬施設のようだというと
ころまでは行き着いた。石がないから竪穴式石槨ではない。ここまでは
よかったのだが、そこで行き止まってしまった。どう掘っていいのかわ
からないのである。発掘調査では、ここは後から堆積した土だから掘り
下げなければならない、ここは作られた部分だから残さないといけな
い、と土層を判断しながら進める。その判断は土質と遺構全体の解釈に
もとづいて行い、調査の進行で得られた情報に応じて修正を加えてい
く。しかし、遺構の全体像がわからないので解釈のしようがない、おま
けに土質には大きな差がないのである。こうした場合、トレンチを入れ

て土層断面を見る。中心埋葬の調査は北側の秋山浩三さんの持ち場を先行させ、筆者宇垣の南側、さらに東・西側の調査区が追随する形で進めており、すでにトレンチを2カ所に入れていたが、それがなんともよくわからない断面なのである。というわけで、こうではないか、いや、そうではなくこのようにも考えられると議論が続くことになった。

「近藤先生、ここにもトレンチを入れますよ」「そうしよう」というわけで入れた3カ所目のトレンチの断面に木槨側板痕跡が一直線に現れ、この議論を解決した。断面を見た近藤先生の血相が変わり、「君は、これをどう考えるんだ」と詰問にちかい口調であった。答えが出たということよりも、それが意味するところに思いをはせておられたのではないかと思う。埋葬施設は木槨であるが、木材はすべて失われてごく薄い砂層や粘土層になっている。この答えで調査が進むことになった。

判断をむずかしくしていた理由の1つは、木槨壁面が土圧で大きく内側に傾いていたことである。柱穴であれ溝であれ、通常の遺構は垂直よりも小さい角度で掘り込まれ逆台形の断面になるが、木槨の壁はそれとは反対の台形の断面になっていたのである。また、先に入れた2つのトレンチの断面は木槨の崩壊が最も顕著な場所にあたっていて、木槨内側部分には木槨の上に設けられた盛土が複雑に落盤しているという、最もむずかしい箇所であった。その後は順調に、ではなくて、礎板や桟など予想もしない構造の痕跡が現れ、鳩首の議論が続くことになった。悪戦苦闘、そのひと言である。

木　棺　木槨の南西に片寄った位置に木棺が収められる（巻頭図版12）。木棺も当然木材は失われていたが、棺内に敷きつめられた朱によって木棺内側の輪郭は明瞭に現れた。長方形の平面形で、被葬者の頭側になる南東側が少し広くなる。木棺内法の長さは195

cm、幅は南東側で78 cm である。南東側の両隅では細長く朱面が
のびるが、これは側板と小口板が朽ちる過程で朱が流れ出た状態で
あり、これによって木棺が小口板を側板で挟む構造で、小口板の厚
さは10 cm であったことがわかる。

　木棺内には純粋な朱が敷き詰められており、鮮やかな朱色であっ
た。通常の埋葬では朱はごく狭い範囲に薄く振りまいた程度、ほん
のひとつまみであるが、ここではそれとはかけ離れた量の朱が用い
られていた。被葬者は木棺の南東側に頭を向けていたことが歯の出
土でわかるが、朱層はその付近で最も厚くて 8 cm に達する。用い
られた朱の量は32 kg、この量は後の古墳での大量使用例を含めて
も屈指の量である。被葬者は朱の中に横たわるというものであった
ろう。

　副葬品　棺の南東側には一連の首飾りがある（図21、巻頭図版
13）。環状に連なっており被葬者が着装した状態であったとみてよ
い。緑がかった青色の管玉27個を連ね、正面にあたる位置には瑪瑙
製の棗 玉とヒスイ製の勾玉を配置する。棗玉は管玉よりも太く赤
色、勾玉は透明度の高い緑色で頭部に 3 本の沈線を配する丁字頭で
ある。管玉は端の角になるところに傷があるものが多く、欠損して
いるものもある。長く使われていたものと思われる（巻頭図版14の
2 段目勾玉から右、3・4 段）。

　また、被葬者の頭部横にあたる位置には440個以上のガラス製の
管玉と大小の小玉で構成される首飾りが置かれた。管玉は直径 2
mm と細く、小玉も直径 7 mm と 2 mm の大きさで、ごく細い首
飾りである。ガラス管玉は風化して白っぽくなっているが、元は青
色だったとすれば、それに紺色の小玉が映えるきれいな首飾りで

あったと思われる。玉類は重なっているので全長はわからないが、かなり長いもののようである。これは狭い範囲にまとまっているので、折りたたむように置いたと考えられる。

これに接した足側には長さ47 cm の剣（図21・22）が置かれる。位置からすると身につけたのではなく身体の横に置いたようである。

こうした棺内の副葬品とは別に、棺内の朱層よりも上、槨蓋の痕

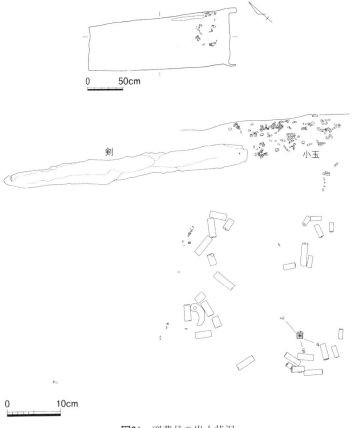

0　　50cm

剣

小玉

歯

0　　10cm

図21　副葬品の出土状況

跡にめり込むように出土した首飾りがある。管玉18個を連ねたもの
で、棺蓋の上に置かれたと判断できる。色は棺内の首飾りの管玉と
は少し異なり濃い緑色である（巻頭図版14、1段目、2段目左から
6番目まで）。

　後の古墳の副葬品にくらべると品目や量は多いとはいえないが、
そもそも吉備ではそれまで器物を副葬をするということがほと
んどなかった。この遺跡からこの地域での副葬がはじまったと
言ってもよく、木棺の内と外に品々を置き分けるという作法、
これは古墳で多く用いられる配置の方法であるが、それのきわ
めて早い事例である。

　排水溝　木槨の被葬者頭側（頭側小口）の外側には排水溝が
設けられる。なんだ排水のための溝かと思われるかもしれない
が、これは驚くべきものである。これまで知られる弥生時代の
墓で排水溝を設けたものはなく、後の前期古墳の竪穴式石槨で
は必ずといってよいほどに設けられる施設なのである。

　排水溝は木槨の頭側小口を包むよう形ではじまり南側で墓壙
の外に出て行く（図23）。長さ30cm前後の比較的大きな石を
多数用いて構築している。木槨の小口側では墓壙壁との間に石
を重ねるように置き、そこから離れるにつれて石組みが広く
なっていく。木槨の南隅に接する部分が最も石の重ねが多く5
段ほどになり、上部には長さ61cmの板石を置いている。木槨
の隅が十分な強度をもつようにという造作であろう。

　排水溝は扇形の平面形になって幅を狭めて墓壙の外に向かう
が、この部分では石組みの様子が変わる。排水溝の掘り込みの
両側に平たい石を立て並べて側石とし、それの内側に石を入れ

0　　　5cm

図22　鉄剣

置いている。丁寧な作りであるがそのままずっと外までいくのではなく、調査した最も外端になる部分では側石は一方だけになり、使う石は大きめになる。広さがあって作業できる部分では丁寧に構築し、狭いところではやむをえず簡単な作りにしたようである。排水溝の石組みは土で埋められている。石を箱形に組むとか間に小石を

支水路

主水路

木樋小口

図23　排水溝
図17平面図参照。
写真は下が東である。

詰めるなりしたほうがよいのではないかと思ってしまうが、倭国で初めて設けた石組み排水溝なので改善の余地があったということだろうか。石の間には水で運ばれた砂の層が形成されており、石と石の隙間を水が通り、きちんと機能していたことがわかる。

　墓壙の南に出る主水路には、横からもう1つの排水溝（支水路）が合流する。墓壙南側部分は墓壙の断面形状から墓壙掘削中に湧水によって崩れた箇所と判断したが、この箇所は地下水の通り道らしく発掘調査中にも水が出ていた。この箇所の墓壙底の端に弓なりの平面形で細長い排水溝を設けている。先端部分は浅い溝を掘った上に石を並べて暗渠（あんきょ）とし、主水路に近いところは石を並べる構造である。水はこれを伝って主水路に流れ込む。また、支水路と主水路の間には土を入れて少し高くして墓壙南側からの水が主水路側、つまり木槨のほうに来ないようにしている。支水路の作りは主水路のそれにくらべてかなり簡易であり、臨機応変に設けた可能性がある。

⑵　木槨・排水溝の意義

　木槨は中国できわめて長い期間用いられ発展した埋葬施設であり、秦漢帝国の拡大、中国文化の拡散に伴って中国周辺の地域でも用いられるようになる。楽浪郡が置かれた朝鮮半島においても、楽浪郡域だけでなく周辺の地域においても木槨墓が構築されるようになる。朝鮮半島のいずれの地域からどのように、それはまだ明らかにしがたいものの、そこから情報や知識を得ることによって楯築墳丘墓の木槨は構築された。

　北部九州の甕棺墓、あるいは全国に分布する方形周溝墓など、弥生時代の墓では棺は地中に直接埋められた。『魏志倭人伝』に「棺

ありて槨なし」と記されたとおりである。そうしたなかで楯築墳丘墓に設けられた大陸由来の埋葬施設は、倭国で初現となるものであり、特筆すべき存在である。棺をおさめる施設を設け、より丁寧に被葬者を葬る厚葬がなされたわけであるが、部分的であるかもしれないが中国でつちかわれた思想、死後の世界や霊魂についての考え方もあわせて導入された可能性も考えられる。

　この埋葬施設が目的としたものは何であったのか。これはこの遺跡がどういう目的で築かれたのかを理解する手がかりとなるが、それは木槨下部の構造と排水溝にあると考えている。楯築の木槨は2重の底板が土から離れるように設計されており、木棺は地中の水分から最も離れるように設置された。しかし、いかに地中の空間の高い位置に木棺を置いたとしても、水が湧くなり溜まるなりしては元も子もない。そうした水は排水溝で排出する。楯築墳丘墓の埋葬施設に込められたのは、被葬者の棺、被葬者の身体を守り保持することである。甕棺の合わせ目に粘土を貼る例があり、被葬者を保護しようとする考えそのものはそれまでの弥生時代の埋葬にもあったわけであるが、それを設備、構造として設けたはじめての例となる。木槨に排水溝を付けるというアイデアは、雨が多い日本列島の気候にあわせて新たに編み出されたものなのか、あるいは大陸にモデルがあるのか、今後研究の必要がある。

　吉備では木槨を埋葬施設に用いた例として岡山県総社市立坂墳丘墓や岡山市雲山鳥打1号墓があり、槨を石で築いた石槨、その例として倉敷市黒宮大塚墳丘墓や岡山市都月坂2号墓などがある。これらは楯築墳丘墓と同時期あるいはそれよりも若干新しい年代であるので、楯築墳丘墓の築造を契機に、この思想にもとづいた埋葬施設

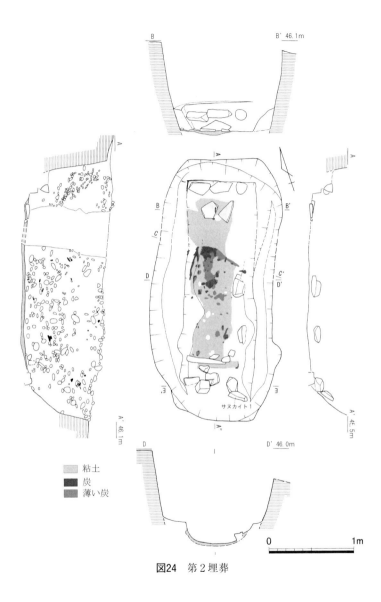

B   B' 46.1m

A'   A'

B'   B'

C   C'
                                     D'

D

E'   E'

サヌカイト1

A'   A"

A' 46.1m   A' 4E.5m

D   D' 46.0m

粘土
炭
薄い炭

0   1m

図24　第2埋葬

が吉備で共有されることになったと考えられる。

　続く古墳時代前期の大形古墳では竪穴式石槨が主に用いられるが、石槨の蓋石の上を多量の板石で被覆したり粘土を貼るなどの防水を行っており、排水溝は基本的な付随施設となる。被葬者を水から守るという考えは楯築墳丘墓から連綿と続くことになる。

(3)　第2埋葬

　墳頂の南側では、後に設けられた埋葬を検出した。円礫敷を切り込んで設けられている。長さ3.0 m、幅1.4 m、深さ1.2 cmの墓壙を掘り込んで推定長さ2.2 mの刳抜式木棺を収めたものである（図24、巻頭図版18）。副葬品はなく、朱も枕石付近に撒かれる程度で、中心埋葬との差は歴然としているが、墓壙は一般の埋葬の場合よりも深く、木棺を固定するために粘土で棺床を設けるなど丁寧な作りである。中心埋葬被葬者に連なる人が葬られたのであろう。

　墓壙内からは破砕された高杯、脚付直口壺、甕、装飾高杯が出土した。円礫堆のようにまとまっての出土ではなく、墓壙の埋め土のあちこちから出土しており、埋め戻しの土に割った土器を混ぜたと考えられる。土器の取り扱いにも差があるのである。これら以外に焼き割られたサヌカイト片が出土した。出土状況からみて、この埋葬に供えられたものではなく、中心埋葬の葬送儀礼に用いられたものが混入したと考えられる。

第5章 │ 大量の土器

　この遺跡の特徴の１つは、土器の多さである。全国の弥生墳墓から出土する土器の量をきちんと集計したわけではないが、後期後葉の吉備の埋葬に用いられる土器の量は他地域よりも多い。そのなかで楯築墳丘墓は抜群の出土量であるので、土器出土量では全国一であろうと思っている。

　土器は墳丘それぞれの位置に配置される。土器は必ず円礫とともに出土しており、土器を置く清浄な面として円礫が敷かれたと考えられる。墳頂には円礫敷が広がるが、ここに置かれたのは直口壺、小形の器台、装飾高杯などで、高杯ないし脚付直口壺をまじえる。高さが15cm程度の小形の土器ばかりである。調査では一坪よりも

北東突出部 長頸壺

南西突出部 特殊壺

図25　土器の出土状況

少し広い2.3×2.0ｍの範囲からそれらがあわせて18個体出土した。うかつに歩くと土器を踏みつぶしかねない、そうした状況が墳頂全体に広がっていたとみられる。もう１つの土器の配置場所は墳丘斜面の２列の列石に挟まれた円礫敷である。ここに置かれたのは特殊器台、特殊壺、小形特殊器台、長頸壺、家形土器など高さが40cmから１ｍほどの大形の土器である（図25）。配置の数を推計することはむずかしいが、相当の密度で配置されていたようである。後の円筒埴輪列を思わせるような土器のベルトが墳丘をめぐっていたわけである。土器の詳細は第２部に記すが、多くが鋸歯文や斜線文など細かい文様で飾られている。それらの中心となるのは高さが１ｍに達し、全面に文様が刻まれた特殊器台とそれに置く特殊壺である。

　この遺跡から出土した土器は集計できただけで320を超える多さであるが、遺跡の全域を発掘したわけではないし、工事で破壊された範囲も多い。用いられた土器の総数は控えめにみても、この数の倍はあったのではないかと思っている。空前の規模のまつりがなされたと考えてよい。さまざまな土器の種類があるが、高杯の量が最も多く、飲食物を捧げるというものである。そして、儀式が終わった後、あるものは壊し、またあるものは配置状態から横倒しにするといった片付けがなされる。

第6章 遺跡の特性

(1) 葬送の思想

　楯築墳丘墓は実にさまざまな道具立てをもつ遺跡である。斜面の列石と斜面立石で遮蔽され守られた空間が形成される。そして埋葬施設は王の遺体を永く保持することを目的に設けられた。これにかかわると考えられるのが弧帯文石と、大柱をはじめとする柱である。

　円礫堆から破砕された弧帯文石が出土しているが、楯築墳丘墓にはもう1つの弧帯文石、楯築神社弧帯文石（重要文化財　旋帯文石）がある。遺跡のどこで用いられたのかは明らかでないが、ここでの祭祀に用いられた器財である。出土した弧帯文石よりもはるかに大きく、長さは1m弱、推定400kgである。大きさもさることながら、楯築神社弧帯文石の大きな特徴は石の正面にあたるところに顔が彫り出されていることである。出土の弧帯文石とのちがいや顔表現の類例などは第II部に記したのでそれを見ていただきたいが、結論を先に述べれば、顔は神の顔であり楯築神社弧帯文石は神が宿るもの、神の依代として作られたと考えている。

　現在私たちは神社にいって神様を拝むことができるが、弥生時代には神はどこかにとどまっているのではなく、招いて祭祀の場に来てもらう存在であったと考えられている。大木や巨岩にかわって神に来てもらうための施設として大柱以下の柱群は設けられた。柱が

複数であることの意味はよくわからないが、家形土器も複数の個体が出土している。神がとどまる場として家形土器があるとすれば、神々を招いたということであろうか。葬送の儀式は亡き王の霊と降臨した神が一体化するために執り行われた。このように考えている。楯築神社弧帯文石は祭祀の後、割られることなく残され、多くの施設が石造りであったことからすれば、儀式の後々まで神と一体化した亡き王が地域を守護し安寧をもたらすと考えられたのである。古代中国の思想では、死後、「たましい」は魂と魄に分かれ、魂は天に帰し魄は地に帰すという。魄は地中の木槨内にとどまり、魂は神となって弧帯文石に宿ると念じられたのではないか。

⑵　遺跡の諸要素

　楯築墳丘墓を構成するさまざまな要素を整理すると、それまで吉備でつちかわれたものと、遠隔地から導入したもの、そして新たに創出されたものからなる。特殊器台や特殊壺は吉備地域で発展した祭祀から生み出された土器であり、弧帯文もこの地で成立したと考えられる。また、斜面に設けられる列石の原形は後期前半の墳墓に求めることができる。

　他地域から導入されたもの、その代表は木槨であり、大柱は北部九州から、墳丘の丸い平面形は東の地域、播磨あるいは摂津地域からと考えられる。

　一方、新たに創出された要素がいくつかある。大きく立体的な墳丘を築き、それを見せるということは、それまでの墳墓には認められない要素である。突出部は先述のように元になる意匠はあるとしても、新たな機能と形状を備えて作り出されたものである。円礫敷

と立石は類例がなく、これも新たに作り出されたと考えられる。

　瀬戸内海沿岸から北部九州、朝鮮半島に至る範囲から多様な要素を取り込み、必要に応じて改変、拡大し、かつてなかった形状、構造をもつ墓として築かれたのが楯築墳丘墓である。

　新たに作り出された楯築の祭祀は吉備の内部、そして遠隔地へと波及する。波及の形は2つに大別でき、1つは首長間のネットワークを通じて伝わったとみられるものである。京都府赤坂今井墳丘墓や兵庫県西条52号墓、島根県西谷墳墓群など、楯築墳丘墓に続いて西日本各地に出現する大形の墳丘墓には、立地や木柱、木槨など、楯築の影響あるいは模倣とみられる要素が認められ、楯築の祭祀が波及することによってこれらの築造がなされたと考えられる。もう1つは吉備地域内部への面的な波及である。楯築墳丘墓築造の母体となった備中南部地域では木槨や立石を伴う墳丘墓が出現し、備中北部をはじめ備前でも木柱をもつ墓が出現する。

　楯築墳丘墓はその後の墳墓に大きな影響を与えた。楯築築造のしばらく後に前方後円墳が出現する。特殊器台が埴輪に変化し古墳の要素に引き継がれることはよく知られているが、楯築墳丘墓から古墳に引き継がれた要素はとても多い。ビジュアルな墳丘を築き人々に見せること、被葬者の保護を目的とした埋葬施設、朱の大量使用や排水溝など、いずれも古墳築造の最も基本となる部分である。古墳築造の思想は楯築墳丘墓ですべて用意されたと言っても過言ではない。前方部も楯築墳丘墓の突出部をもとに成立したと考える以外にないことは、先に記したとおりである。

　楯築墳丘墓は後に展開する古墳の起点となる存在であり、前方後円墳の祖型となる王墓なのである。

第**Ⅱ**部

遺跡の諸相

―調査経過と祭祀の品々―

第 7 章 ｜ 調査研究の経過

⑴ 発掘調査まで

　楯築が遺跡として報じられたのは古く大正時代のことで、岡山県下の遺跡の現地調査では最も早いものの１つである。墳頂の立石は弥生時代のものではなく、古墳時代後期の巨大な横穴式石室が大破した状態と判断された。もちろん正解ではないが、日本考古学黎明期のことであり、類例から合理的に遺跡を解釈したものといえる。文化財保護法が制定される以前の時代で、古墳の石材が割り取られることも多かったため、『岡山県史蹟名勝天然記念物調査報告』の報文は「保存ハ急務中ノ急務ナリトス」で締めくくられた。

　しかしながら、一般的な遺跡や古墳とはかけ離れたものであったため、それ以降、この遺跡が研究者の注意を引くことはほとんどなかった。そして昭和40年代の高度経済成長、国土開発の時代をむかえ、楯築山を含む西山丘陵一帯に住宅団地の造成が計画された。後に７回の調査を主導する近藤義郎はこの遺跡に注目し遺跡の保存を要請したが、２つの突出部が工事で掘削され消滅するという事態が生じることになった。このことによって、突出部とは何かという研究課題を解明する手がかりのほとんどが失われたと言わざるをえない。

　工事による掘削面を観察し採集した土器を検討して遺跡についての理解を深めた近藤は、地元の方々との話し合いを重ね、理解を得

て発掘調査に着手した。

⑵　発掘調査の経過

　発掘調査は1976年にはじまり、1989年まで7回にわたって岡山大学考古学研究室（調査責任者：近藤義郎）が実施した。その間には墳丘の測量や斜面立石の実測といった発掘を伴わない調査も実施し、周辺遺跡の現地調査を重ねた。

　第1次調査　楯築遺跡が弥生時代の墳丘墓であることを確認し、遺跡の概要を把握することを目的に実施した。特殊器台などが確実

表1　調査・研究と主なできごと

西暦	和暦	内容
1921	大正10	永山卯三郎「片岡山古墳址」『岡山県史跡名勝天然記念物調査報告』第1冊が刊行される。
1971	昭和46	女男岩遺跡など丘陵内の遺跡の記録保存調査が行われる（～昭和47）。
1972	昭和47	この頃、宅地造成工事によって突出部が削り取られる。
1973	昭和48	墳丘の測量を行う。
1976	昭和51	第1次調査：墳丘各部を調査し、弥生時代の巨大な墳丘墓であることが確定する。
1977	昭和52	近藤義郎「古墳以前の墳丘墓」『岡山大学法文学部学術紀要』第37号が刊行される。
1978	昭和53	第2次調査：墳頂の立石2・3、北東突出部、円丘斜面それぞれを調査。
1979	昭和54	第3次調査：墳頂の中心埋葬、第2埋葬を調査。中心埋葬は木槨木棺であることが明らかになる。
1981	昭和56	楯築遺跡が史跡に指定される。
1982	昭和57	墳丘から周辺にかけての測量を行う。
1982	昭和57	楯築神社弧帯文石が重要文化財に指定される（旋帯文石）。
1983	昭和58	第4次調査：南東突出部基部の構造を調査。突出部前面が遺存していることが明らかになる。
1985	昭和60	第5次調査：南西突出部前面を調査。突出部前端列石を検出。
1986	昭和61	第6次調査：南西突出部前面を調査。突出部前端列石の全容が明らかになる。
1988	昭和63	立石・列石を実測する。
1989	平成元	第7次調査：立石3の据え直しに伴う調査。立石の掘り方と盛土の関係がさらに明確になる。
1992	平成4	近藤義郎著・編『楯築弥生墳丘墓の研究』楯築研究会が刊行される。
2021	令和3	『楯築墳丘墓』岡山大学文明動態学研究所・岡山大学考古学研究室を刊行する。

に墳丘に伴うのか。墳墓であれば埋葬施設の有無、墳丘の規模や構造はどのようなものかなど、数多くの課題があった。

　墳丘をとりまく列石や円礫敷などの構造が明らかになり、それには確実に弥生土器が伴う。さらに、墳頂部の中央には墓壙とみられる掘り込みが存在することなどが判明した。これらによって、この遺跡が弥生時代の巨大な墳丘墓であることが確定した。

　第2次調査　円丘部墳頂に所在する立石が墳丘墓に伴うものかどうか、また、北東突出部の形状や円丘部斜面施設の構造をさらに明らかにすることを目的として実施した。

　現在傾斜して立つ立石はもとは垂直に立っていたと考えられること、円礫敷などとの関係で弥生時代の遺構との見通しが得られた。北東突出部については形状がさらに明らかになり、墳丘の築成状況が把握できるなどの成果があったほか、墳頂平坦面の端に近い位置に副次的な埋葬施設（第2埋葬）が所在することが判明した。

　第3次調査　円丘部中央に所在する中心埋葬と、南東に離れて所在する第2埋葬の調査を行った。

　中心埋葬上の円礫層は中央で厚みを増し、深い落ち込みをなして堆積した状態にあることが判明した（円礫堆）。ここには高杯等の土器や人形土製品、土製玉類、鉄器などが含まれ、さらに弧帯文石の破片が出土した。これによって、注目を集めながら年代の確定が困難であった楯築神社神体の弧帯文石も弥生時代の遺物であることが確定した。円礫堆の調査に併行して墓壙の検出、墓壙埋土の掘り下げを進め、その過程で木柱や大柱を検出した。円礫堆の下に所在する埋葬施設の構造把握は難航したが、木棺を収めた木槨であることが明らかになり、以降、検討を重ねながら厚さを失い粘土化して

痕跡となった木材を追求し、木槨の基礎や底板の構造を解明することができた。木槨の南側では排水溝の存在が明らかになり、その構造、木槨との関係などについて調査を進めた。

　第2埋葬は、枕石を配した刳抜式木棺であることが明らかになった。

　第4次調査　重要文化財に指定された楯築神社弧帯文石の収蔵庫が新設される運びとなり、その予定地の状況確認と史跡指定範囲の検討のため調査を実施した。南西突出部の残存状況把握が主眼である。南くびれ部では、斜面下方に達する厚い盛土層を検出し、墳丘構築にあたって大規模な造作がなされたことが判明した。西くびれ部では、列石の抜取穴、南西突出部に存在した埋葬施設からのびる排水溝などを検出した。

　南西突出部前端想定位置に設けたトレンチでは、深い位置に工事前の表土が遺存し、さらにその下方に特殊壺などの土器片、円礫、角礫などを含む堆積層が所在しており、突出部前端から前側にかけ

3次調査　　　　　　　　　　　4次調査

図26　調査風景

ての遺構の下部が遺存していることが明らかになった。

　第5次調査　第4次調査で残存が見込まれた南西突出部前面を構成する遺構の把握と、円丘部斜面のそれまでの調査で課題となった下段列石の状況や墳端の把握を目的に調査を進めた。南西突出部前面に形成された堆積層の下部には円礫、角礫を多量に含む黒褐色土

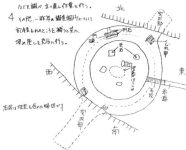

発掘調査ニュース第1号　2次調査

6次調査ニュース第2号から
（イラスト　北條芳隆）

図27　広報・説明資料

が形成されており、そこでは小形特殊器台や特殊壺からなる土器溜まりを検出した。さらに、トレンチの墳丘側では大石を用いて構築された突出部前端の列石を検出した。突出部の前面は堀切状に掘削し墳丘を丘陵から切り離していることも明らかになった。

第6次調査　第5次調査に続いて南西突出部前端で検出した列石端部の状況の把握、南西突出部側面、円丘部斜面の構造把握を目的に各部の調査を行った。南西突出部前端の列石は緩やかな弧を描き、やや上方に向かうことが明らかになった。また、列石上に設けられていた石垣が崩落した状況も捉えることができた。円丘部斜面の調査では、上段・下段列石の抜取跡と掘方を確認し、南西突出部西側面では、盛土や整地土の広がりを検出するなど、墳丘の全体像を把握するための資料が得られた。

第7次調査　円丘部墳頂平坦面に所在する立石のうち、大きく傾斜している立石3と立石2の据え直しに伴う調査である。立石3は第2次調査において西端部分を調査したが、この調査では全体の調査を行い、立石が設置された際の掘方を検出した。

⑶　**発掘調査と研究**

　7回の調査を簡単にまとめてみよう。1次調査で遺跡の概要を把握し、2次調査でさらに情報を得る。それを受けて3次調査で中心埋葬の調査に取り組む。試行錯誤で木槨の構造を読み解く。4次調査でくびれ部についての情報のほかに南西突出部前面の遺存が判明する。この部分の構造を5・6次2回の調査で解明、7次調査で立石調査を完了。課題を解明しつつ調査を進めたわけであるが、円丘部下段列石の構造解明と墳端施設の有無は課題として残り、6次ま

で調査を続けることになった。

　調査には近藤義郎のほか岡山大学考古学研究室教官、学生が参加し、5・6次では多くの大学の学生、大学院生も加わった。個々の名前は割愛するが、地元をはじめ多くの方々からの支援を受けての調査であった。

　調査と並行して行った出土遺物の復元実測も大きな仕事であった。出土遺物は質量ともに膨大であり、報告書の作成には歳月を要することになった。

　現在普遍的に用いられる墳丘墓という用語は、楯築遺跡を考える過程で提唱されたものであり、弧帯文も出土資料の評価を深める中で生まれた名称である。第Ⅰ部に示したように、調査によって古墳成立以前の墳墓の様相が明らかになった。調査の成果は前方後円墳成立をめぐる議論に活用され、多くの論考の素材として用いられた。調査中から現在に至るまで、楯築墳丘墓は弥生時代から古墳時代への移行を論じるさいには必ず論及がなされる資料となっている。

第8章 出土遺物

⑴ 土　器

特殊器台の特徴　器台は弥生時代中期以来各地で用いられた土器であるが、容器や炊飯具として単体でつかうことができる壺や甕などとは異なって、他の土器を置くための台である。とはいえ出土数は少なく、たとえば、すべての壺に見合うだけの数が作られたわけではない。日常の用途に使う土器ではなく、集落でなされた祀りにおいて鉢や壺を高く捧げるために用いられた土器と考えられる。ごく簡単に言えば、神棚の三宝のような存在であろう。弥生時代後期の吉備南部の土器は上東式と呼ばれるが、これには大形の器台が含まれる。その出土量は比較的多く、器台を用いた農耕の祭祀が集落で盛んになされたと考えられる。ただし大形といっても、器台の高さは30 cm ぐらいまでである。この器台を一気に何倍もの大きさにして、祀りの新たな土器として生み出されたのが特殊器台、そしてそれとセットになる特殊壺であり、吉備の祭祀用土器の筆頭となる土器である。なお、特殊器台は古墳が成立する段階で大和にもたらされ、やがて古墳の構成要素の1つである円筒埴輪に変化することが明らかになっている。

　特殊器台は墓の遺跡であれば常に出土するわけではなく、これが出土する遺跡は大きな墳丘があったり、入念な埋葬施設をもつなど、かなり上位の階層の埋葬からしか出土しない。特殊器台が出土

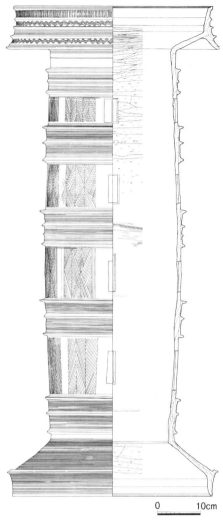

図28 特殊器台 1

する場合、通常は数個体である。総社市立坂墳丘墓は墳丘全域の調査がなされ、9個体が出土した。これはきわめて多い出土数であるが、楯築墳丘墓では調査範囲だけで少なくとも29個体で、段違いの量である。

　特殊器台 1　出土した特殊器台は、特殊器台が出現し定型化した段階、特殊器台のなかで初期のものである。代表としてまず示した 1（図28、巻頭図版15）は 112 cm の高さで、大きな口縁部、5段の間帯（文様と文様の間部分）と4段の文様帯で構成される筒部、踏ん張る形状の脚部からなる。円筒形の筒部はエンタシス状の膨らみをもち、中央部分で直径32.0 cm である。特殊壺をのせる台であるが、全面に文様を入れており、文様を表示すること

を目的とした土器である。

　口縁部は上下に大きく拡張して外面に 3 段の突帯を配し、その間に櫛描波状文や平行沈線など、櫛状工具による文様を配する。文様帯には四方に長方形の透かし孔を配置し、これがある区画は無文とする。その間に配置される文様は、第 1 （下からの順）・第 4 文様帯が斜線文、第 2 ・第 3 文様帯は複合斜線文である。斜線文は斜め線の充填、複合斜線文は区画を斜めに区切って斜線を入れる文様である。いずれの文様も隣接する区画の文様と左右対称になるように入れる。 2 つの透かし孔の中間は無文の区画とする。第 3 文様帯では無文であるべきところにうっかり文様を入れてしまい、それをナデ消した跡が残る。

　間帯は上下両端と中央に突帯を設けるが、土器の中央になる第 3 間帯では突帯をもう 1 条加えて 4 条の突帯とする。間帯の突帯の間と、下に広がる裾部には櫛状の工具を用いた平行沈線を入れる。土器下端の脚直立部は、遺跡に設置するさいには埋め込む部分であるため、通常は無文であるが、ここにも平行沈線を入れており、この特殊器台は通常とは異なる用い方を予定したのかもしれない。

　土器作りの達人が細部まで考えて作ったらしく、各部の大きさを見ていくと緻密なレイアウトになっていることがわかる。最も上の第 5 間帯の上端から口縁部上端までの長さと、最下段の第 1 間帯下端から脚の下端までの長さはともに14.1 cm で、筒部上下の長さが同じになるようにしている。間帯は数 mm の誤差はあるが8.6 cm で統一し、最上段の第 5 間帯だけ幅を狭くする。文様帯幅は最下の第 1 文様帯が幅13.5 cm で、そこから上にいくにしたがって幅を狭めている。長方形の透かし孔はヘラ切りで形成される。孔の面は見

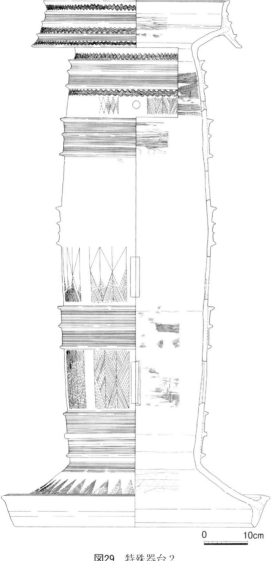

える箇所ではない
が、切りっぱなし
ではなく面を整え
ていて、孔の内側
は面取りを行って
内側の稜線を取り
去っている。目に
付かないところま
で入念に作られて
いるのである。

　この特殊器台は
円礫堆上面から出
土した2個体のう
ちの1つである
が、破片の大小の
差が顕著で、特に
筒部中ほどは数
cm大の小片にな
っている。土器が
自然に壊れた状態
ではなく、祭祀の
終了段階で、惜し
げもなく割り砕か
れたと判断でき
る。

0　　　　10cm

図29　特殊器台2

特殊器台2　　2個体のも
う一方、特殊器台1と同じ
タイプ（A類）の特殊器台
である（図29）。破片が不
足するため完全な復元図を
作れないが、口縁部や脚部
など、各部の大きさをくら
べてみると、こちらのほう
が少しずつ大きい。土器の
高さは推定117cmで、現
在わかる範囲でこれが最も
大きい特殊器台、すなわち
最大の弥生土器だと思って
いる。

　特殊器台3　　もう1つ特
殊器台を示す（図30）。破
片がまとまって出土した
が、接合復元できる量はな
いため図上での復元であ
り、不足部分は別の個体で
補った。口縁部は先の2つ
と異なって下への拡張が小
さい。間帯も中ほどの突帯
がなく、上側の突帯は小さ
いなどの相違点があるし、

0　　　　10cm

図30　特殊器台3

全形も少し小ぶりでほっそりした形である。また、内面は特殊器台 1と2がナデで仕上げるのに対し、この3はヘラケズリである。表面は丹塗りがなされる。3は先ほどとは別のタイプ、特殊器台B類で、土器の色や含有鉱物も異なっている。先の2つを作ったのとは別の人たちが別の場所で製作したと判断できる。

　文様帯を縦に分割して長方形の区画に文様を入れること、間帯の幅をそろえ、文様帯の幅を下から順に狭くしていくといった約束事は共通する一方、用いる文様は少し異なる。下の第1文様帯から順に説明しよう。A類（特殊器台1・2）では透かし孔から透かし孔までの間に無文区画を1つ配置していたが、これでは2つである。また、無文の区画には三角形の文様である鋸歯文を上下に小さく入れる。それに挟まれた区画には、ここでは斜格子文を入れる。第2文様帯左側の区画には複合斜線文を配するが、A類の複合斜線文は三角形を組み合わせて、そこに方向を違えた斜線を充塡したようなデザインであったのに対し、これでは余白を残して4つの帯が互い違いに組み合うことがわかるデザインとする。また、右側の斜線文では斜線文の途中に隙間を作って「鷹の羽文」のようにしており、斜線文は斜めの帯であることを表現する。第3文様帯の透かし孔区画の左側には斜線文がある。左側から順に文様を入れてきたら無文になる透かし孔区画の横に無文区画が来てしまった。無文区画を2つ並べるわけにはいかないので、透かし孔区画の一部に斜線文を入れて構図を収めたということらしい。特殊器台B類ではこうしたことがたまにあり、A類は全体を見ながら施文するのに対し、B類はとにかく文様を入れていくようである。一番上、第4文様帯は幅が狭いので複合斜線文の帯の数を1つ減らして3本にする。左側では

複合斜線文の帯を弧線に変えた複合弧線文を配置する。口縁の拡張部には上下に鋸歯文を並べ、部分的に縦の平行線を入れる。

　用いる文様はおおむねA類と同じながら、細部では独自色をもつことがわかる。また、A類はデザインが整いすぎてわかりにくいが、B類で見ると文様は鋸歯文以外はいずれも帯を表現していることが明らかである。文様帯の間に配置される間帯は、A類、B類ともに文様帯よりも少し高く浮き出るようにし、水平に平行沈線を入れるが、これも帯の表現である可能性が強い。特殊器台は全面に帯を表示した土器ということができる。

　A・Bそれぞれの製品が遺跡に集合しているわけであるが、楯築ではさらに別のグループC・D類がある。王墓であるから配下の村それぞれで製作して奉献したとなれば話は収まりがよいが、B類はもっと下のレベルの墳丘墓でも用いられており、単純な図式ではない。土器作りグループBの製品が主流で、それに築造の本拠地の人が作った製品を加えたのではないかと考えているが、特殊器台の製作と供給の全体像を解明する必要があり、これを明快に説明するのはもう少し先のことになる。土器の製作グループがいくつあるのか、それぞれがどういう関係なのか、この問題は特殊器台に限らず長頸壺から高杯まで、すべての土器にわたる課題である。

　小形特殊器台　高さは30〜35cmと特殊器台の原形となった器台と変わらない大きさであり、形も器台と同じで、筒部は円筒形にならない。これのどこが特殊器台なのかであるが、セットになるのは特殊器台と同じ特殊壺であること、特殊器台と同じ土で製作されていること、以下に示すように文様帯をもつものがあるなどが理由である。特殊器台がなくて小形特殊器台と特殊壺だけが出土する小規

模な墳墓もあるので、土器の格付けは特殊器台よりも下で、特殊器台を補完する役割の土器と考えている。これがまとまって出土したのは南西突出部の前面で、堀切状大溝の堆積土から多数の小形特殊器台と特殊壺が出土した。突出部の先端に設けられた2段の列石間の円礫敷には、特殊壺を乗せた小形特殊器台がずらっと並べられたのである。

　小形特殊器台の口縁部と脚部は特殊器台のものと同様な形である（図31）。筒部は4のように平行沈線帯3段を配置し、その間に長方形の透かし孔4つを配置するのが基本形であるが、6では下段を区画して特殊器台のような文様帯とし、上段には平行沈線を入れる。こうした特殊器台風に文様を入れるのは古い段階の小形特殊器台の特徴である。

　特殊壺　胴部がタマネギのように外に大きく張り出した形になり、そこに複数の突帯を配置する。特殊器台（図31）は製作グループが複数で、形態もそれぞれに異なることを述べたが、1・3・5がB、2がCグループの製作で、口縁部の形が異なり、胴部の突帯は3・5のように3段とするのが通常であるが、2は2段とする。胴部の突帯の間に文様を入れるのが決まりで、2には波状文、3では鋸歯文、1・5は斜線文である。後の時期になると頸部は3のような沈線に統一されるが、5では頸部と肩部に文様帯を配置しており、2は突帯を加えて波状文と平行沈線を入れる。

　長頸壺　長頸壺（図32）は集落からも出土するが、それらのなかで最も大きい規格で作られている。長頸壺1は、胴部の一部を欠く以外ほぼ完形である。器高44cm、口縁部径22cm、胴部径29cmである。長い頸部と張りの強い胴部をもつ。底面が口縁部の上端と

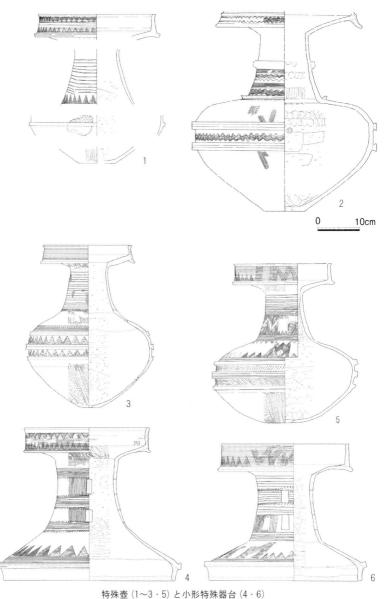

特殊壺（1〜3・5）と小形特殊器台（4・6）

図31 特殊壺ほか

平行になっていないため、普通に置くと土器が大きく傾いてしまう。製作時にそうした用い方は想定しておらず、器台に載せるか円礫敷を少し掘り込んで据えるかを予定したようである。丹塗りは口縁部の内側から外面胴部下半、底から4.5 cm上までの範囲で確認できるが、胴下端部分には認められない。他の底部付近の破片でも丹塗りが見られるものがなく、設置すると見えなくなる底部付近については丹塗りが省略されている可能性がある。胴下部と底面の2カ所には、いずれも外側から孔（穴）があけられている。胴下部のものは径約1 cm、底面のものはそれよりも大きく長径約2 cmである。

　家形土器　家形土器（図33）は複数が出土しているが、どれも小

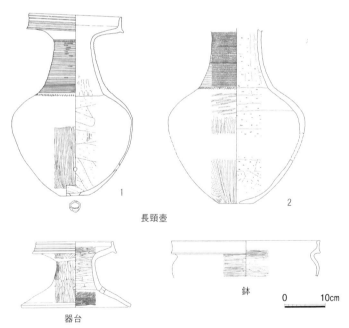

長頸壺

器台

鉢

0　　　　10cm

図32　長頸壺ほか

破片であるため、いささか説明しにくい。

　1は寄棟の屋根の一部で、急勾配で高くなる。2は同じ土器の破片で、上から見ると、まっすぐにのびて端がカーブする。箱形の部分からはずれた破片であるが、軒だとすると1の文様と合わず、家の基礎にあたる所と判断した。4は2と同様に箱形の隅であるが、一方の側が大きく外に飛び出している。

　わかりにくい破片ばかりであるが、その理由の1つは写実性が全くないことである。後の家形埴輪では屋根の網代など細部まで表現しようとするし、この資料よりも少し時期が下る倉敷市女男岩遺跡家形土器でも、もう少しはリアルに作ろうとしている。それに対し

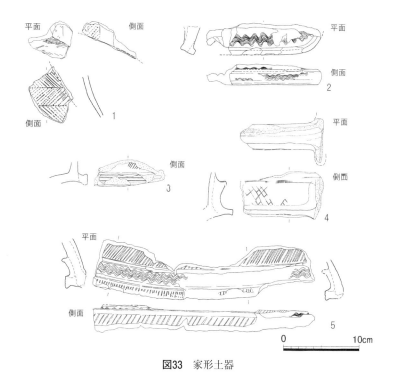

図33　家形土器

て4では粘土を貼り付けて突帯を作り出していて、特殊器台の口縁部を思わせる形状である。もう1つの理由は全面に文様を入れることで、屋根1は水平に区画して斜線文を配しているし、2では波状文を入れている。

　3の下側は斜めになっているが、この形状は器台の上端部で、家形土器は大きな器台の上に作り付けたと考えられ、これは他の個体も同様とみられる。

　5はさらにわかりにくい形状であるが、家形土器の軒付近である。平面形は緩やかなカーブを描くが、他の同形の破片から、このまま続くのではなく屈曲して三味線の胴のような平面形になると判断できる。そうした平面形の竪穴建物が後期末葉には普遍化するので、この家形土器は竪穴建物と考えている。他は箱形になるので掘立柱建物である。当時あった2種類の建物、その両方の土器があったのである。

　当然のことながら、家形土器は飲食に用いる土器ではない。遺跡からは10個体分の破片が出土しており、かなりの数があったことがわかる。

　高杯と脚付直口壺（図34）　高杯は2のようなやや大きいものもあるが、1は直径14.5cm、高さ7cmで、こうしたものが主である。脚付直口壺も高さ13cm程度の小さな土器である。これらは集落遺跡からも出土するが、脚付直口壺の方は高杯のようにごく普通に出土するわけではないので、集落での簡単な祀りに用いられる土器ではないかと考えている。どちらも砂をほとんど含まないきめ細かい粘土で作られており、表面は丁寧に磨かれている。高杯は食べ物、飲み物のどちらでも入れることができる。脚付直口壺は形から飲み

物用とみてよい。小さい土器であるが、この2種類が基本となる土器である。

　装飾高杯（図34）　破片はかなり出土しているが、全体の形状を示すことができる資料が少ない。エンタシス状の脚柱部をもち、脚部はカーブを途中で変化させて上下2段になり、杯部も2段になって

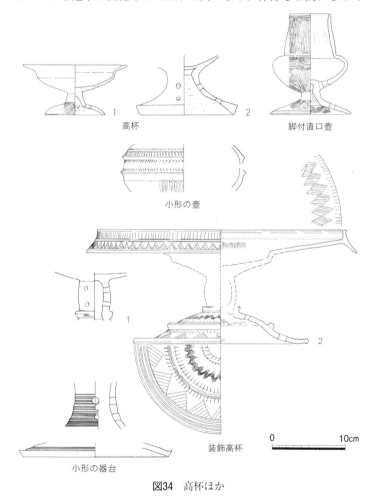

高杯

脚付直口壺

小形の壺

装飾高杯

小形の器台

0　　　　　　　　　　10cm

図34　高杯ほか

大きく開く。土器としては少々無理がある形で、木製の高杯が原形であったとみられる。口縁部、杯部、脚部には鋸歯文をはじめとするさまざまな文様を入れてある。集落からも出土しており、墓専用ではなく、集落の祀りでも用いられた土器である。食べ物を直接盛ることもできるが、小形の壺や鉢をのせる器台として用いられた可能性がある。

　これら以外に、小形の壺、小形の器台、器台、壺、鉢といった器種も出土している。甕はいくつか出土しているが、どれも小形であり、煮炊きに用いる通常の甕ではなく、容器として持ってきたものである。

　　コラム5：丹塗りと穿孔

　楯築墳丘墓から出土した土器の多くには赤い顔料が塗られている。朱ではなくベンガラであり、丹塗りと呼んでいる。ただし、ベンガラにごく少量の朱を混ぜて塗った例が他遺跡の資料にあり、今後、分析が必要である。丹塗りは明るい赤色になる場合もあるが、多くは暗い赤色である。丹塗りが行われるのは特殊器台と特殊壺の過半数、長頸壺のほぼ全部であり、高杯や脚付直口壺には塗られていない。ただし、長く風雨にさらされて表面が痛んでいるものでは、丹塗りがあったのかなかったのかよくわからないものもかなりある。

　特殊器台でも丹を塗っていないものがあり、儀式用の土器だから赤く塗りましょうというわけではなさそうである。丹を塗っていないものは焼き上がりが自然に赤色になるもので、粘土の成分のため黒っぽい色に焼き上がるものは丹塗りをしている。土器は赤いものであるという社会通念があり、それに合わせるために丹を塗ったと考えられる。後の埴輪では形象埴輪などには丹塗りがなされる。楯築よりも後の特殊器台は丹

塗りをするものが多いため、特殊器台から埴輪が生み出された段階で、こうしたものは丹塗りをするものだ、儀式用＝丹塗りという約束事ができたと考えられる。

　特殊壺や長頸壺の底には直径1〜2cmの穴があいている。これを底部穿孔という。はじめから穴があるわけではなく、後から堅いものでたたいて穴をあけている。底に穴があいた壺は使い物にはならなくなるわけで、儀式の後にこの壺をふたたび使うことはないということを示すために穴をあけたと考えられている。乱暴に作業すると土器が壊れかねないが、丁寧に円形の穴をあけており、この作業も1つの儀式であったと考えている。高杯では皿状になる杯部に直径数mmのごく小さな穴をあけることが多いが、棒を回転させて土器を擦り切って円孔をあけたものもある。

(2)　土製品

　以降の人形土製品から種子までは円礫堆からの出土である。

　人形土製品　人形土製品は、胴部のほぼ全体が残る1個体のほか10片が出土しており、ある程度の個体数があったことがわかる。

　人形土製品1（巻頭図版16、図35）は高さ9.5cm、肩幅10.0cm、胴下部幅5.0cmである。首から上と、胴よりも下の部分を欠く。上部は肩が大きく張り、前後が薄くなって胴体の形をよく示すが、下端では円筒形になる。左手は一部を欠くが、肘を曲げて細かく表現された指で胸の中央にある勾玉を押さえ、右手は腹に当てている。右胸には小さい膨らみが表現されている。腰にあたる箇所には突帯がめぐっており、それよりも下は全体が開いていく。下に裾が表現された可能性もあるが、装飾高杯の脚柱部下端に似る。肩から胸元にかけての3条の沈線と刺突で表現された胸元の2つの勾玉で

首飾りを表示する。胴部には水平あるいは縦方向の区画線を入れ、斜線文や鋸歯文などを刻んでいる。右腕には4条1単位の沈線が間隔をおいて配されており、左腕にも同様の文様の下端が残る。

　巫女を表現したものという見解もあるが、肩幅は広く、服を身に付けていない男性を表現したものとみてよいのではないかと思っている。

　図36の2は1に似た製品である。胸から肩にかけての破片で、刺突による勾玉が3つあり、その斜め上の斜線4本は首飾りの表現で

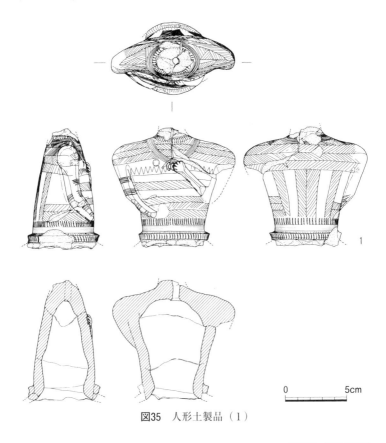

図35 人形土製品（1）

あろう。勾玉の下側にはM字に似た形状が３つ連なる刺突文がある。側面は貼り付けの腕が剥離している可能性がある。３は２つの棒状のものを右手で抱える表現で、全体の形状は想定がむずかしい。４は首元から肩にかけての破片で、破片の端には３条の沈線があり、首飾りの表現とみられる。５は１の腕に似た２本の棒状の突帯を一方の端がやや開くように貼り付け、その間と両側に細かい刺

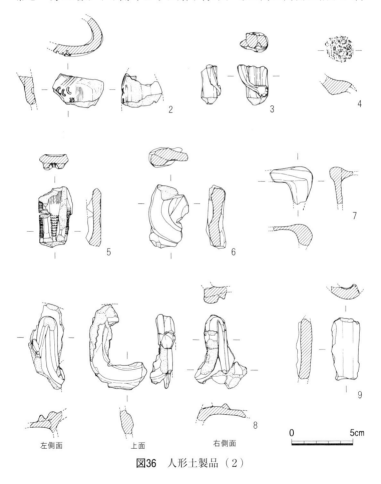

左側面　　　　　上面　　　　　右側面

0　　　　　　5cm

図36　人形土製品（２）

突文を入れる。突帯は下に向かって太さを増し、下端近くで外に反り気味のカーブをもつ。6は帯状の粘土を交差させる。腕で抱える形であるのかもしれない。7は肩の破片か。器壁は著しく薄い。9は人形土製品とすれば胴部かと思われる破片である。

　8は2片からなる。箱形に近い形状とみられ、前は図上端で収まるとみられるのに対し、後方（図36下側）はこの形状が続く。両側の面に腰を下ろして曲げた足が貼り付けによって表現される。上面には低い突帯が環状気味に配される。この突帯の内側は上方に立ち上がるようで、胴が付くかと思われる。

　人形土製品は1以外はいずれも小片で、本来の形状が不明のため個体数を判断することがむずかしい。破片がすべて別個体とすれば9個体となるが、肩部で算定すれば4個体となる。器壁の厚さや細部がかなり異なるようで、大きさや表現は多様であったと思われるが、衣服の表現がないことや、首飾りを表示する点は共通する。

　前述の家形土器に続いて、どういう目的で作ったのかを考えるのがむずかしい資料である。写実性が少なく、表面全体に文様を入れるという点では家形土器と同じである。

　土製品の製作　楯築墳丘墓が所在するエリアの弥生時代後期後半〜古墳時代初頭の遺跡では、土製品がまれに出土する。鳥（鶏）：甫崎天神山遺跡、雲山鳥打1号墓（いずれも墳墓）、鹿：津寺三本木遺跡（集落）、イノシシ：矢部南向遺跡（集落）、龍：倉敷市矢部（集落か）などが知られる。鶏や鹿は神のお使い、龍は神そのものであるとすれば、小さな焼き物を作って祭祀でつかうというならわしがこの地域にあったとすることができる。イノシシは供物と考えることもできる。胴部に鋸歯文が刻まれており、やはり祭祀用であ

る。人形土製品もこれらと一連であるとすれば、神そのもの、あるいは神が宿るものである可能性が最も強い。

　土製玉類（図37）　土製勾玉8ないし9個体、同管玉10個体が出土しており、勾玉のすべてと管玉のうち5個体が破片あるいは欠損品となっている。勾玉1と5はそれぞれ接合復元が可能で、2もある程度の接合ができたが、他の個体は接合する破片がない。大形の1〜3と、小形の4〜7に区分できる。大形品のうち1は長さ6.7

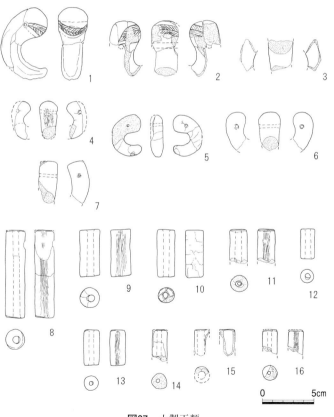

図37　土製玉類

cm、厚さ2.8 cm で、全体の曲がりが強く、頭部は大きく尾部は細長い。頭部には孔から斜め前にむかって 3 本の沈線を入れて丁字 頭<ruby>丁字頭<rt>ちょうじがしら</rt></ruby>としており、沈線の間には方向を違えて斜線文を入れている。 2 もそれと同様の施文である。小形品のうち、全形がわかる 5 が長さ3.9 cm である。

　管玉のうち 5 点は完形であるが、他は欠損の状態である。長さ・太さで 3 つに区分することができる。大形 8 、中形 9 ～11、他が小形品である。長いものほど太くなるが、太さの差は比較的小さい。

　土製玉類は多くが欠損しているが、勾玉の欠損が顕著で、 1 ～ 5 は縦方向に破断している。勾玉 5 や管玉10には細かい亀裂が多数見られるが、器表の状態がよくないものは勾玉に多い。炭素を吸着して薄い黒色を呈する箇所が見られるものが多いが、勾玉 5 の尾部の破片と中ほど以上の破片では薄く黒くなる範囲が異なっており、製作時の炭素の吸着ではなく破片となってからそれが生じたことがわかる。また、勾玉 1 の背面破片は表面が部分的にしか残らないが、背面と本体側で破片の色調が異なる。これらのことから、土製玉類は勾玉が中心で、割り砕かれた後に弧帯文石とともに焼かれたと判断できる。

(3)　その他の遺物

　鉄　器（図38）　円礫堆から38点、大柱遺構の柱痕跡から 1 点が出土した。どれも小さなもので、長さは 2 ～ 4 cm、厚さ 2 mm 前後である。先端が直線をなし、刃幅2.5～ 9 mm の小形のノミとみられるものが多いが、14と19は側面に刃がつく。先端で数えると13個体であるが、錆びて失われたものがあったとすれば元はもう少し多

い数であったかもしれない。いずれも破片となっていて全体の形が
わかるものがないが、鉄器を折り割ったとは考えにくく、錆びて脆
弱になり円礫とともに沈下する過程で円礫の重量のため一部が砕け
たり折れるなどしたとみられる。そのこととは別に、先が曲がって

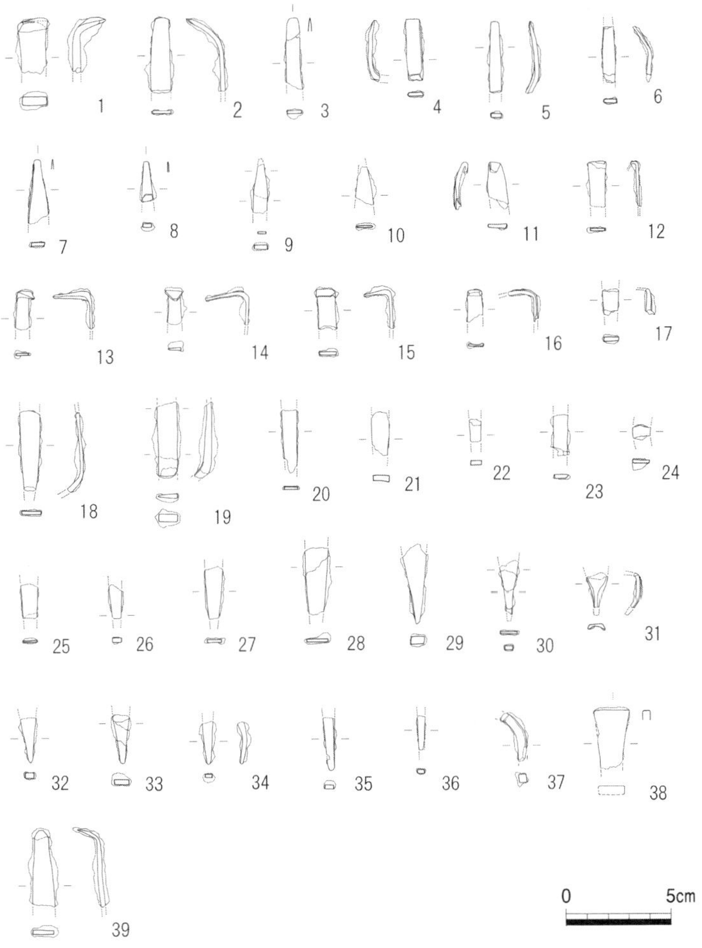

図38　鉄器

いるものが多い。11は先端が完全に曲がっており、12もそれに近い形であったようである。ほぼ直角に曲がる13〜17やカーブする1〜6も曲げられた状態、つまり壊されていると判断できる。

　武器ではなく工具であり、祭祀用の土器や土製品からなる円礫堆出土遺物のなかでは種類が異なる遺物である。木器の製作に用いられた可能性はもちろんあるが、ノミ先の幅3 mmと7 mmは出土弧帯文石や楯築神社弧帯文石の加工痕の幅と同じである。弧帯文石の製作に多様なノミや小刀が用いられたとすれば、それが出土の鉄器だとしても不適当ではない。弧帯文石の製作用具が円礫壇に収められたと考えている。

　形は少し異なるが、同様な鉄器39が大柱遺構の柱跡から出土している。円礫壇から流出したものが落ち込んだ可能性があるが、大柱にも文様を刻んでいて、それに使った道具であるかもしれない。

種　子　円礫堆からモモの核、クスノキ属、カジノキの炭化した種子が出土した。

　弥生時代のモモは、改良がなされた現在の品種とは異なり、ずいぶん小さい。楯築墳丘墓の南1.9 kmに所在する上東遺跡で検出された突堤状遺構の堆積土からは、9,608個と大量のモモ核が出土している。年代は後期末葉なので楯築よりも少し後である。大量の土器とともに出土しており、大規模な祭祀に用いられたと考えられる。楯築の場合も墓上の祭祀に用いられたと考えてよい。一方、カジノキはクワ科の木で、実は甘く食べることができる。こちらは供物であったようだ。上東遺跡例を含め、地下水位が高い状態であれば種子は遺存することが多いが、楯築はそうした環境ではない。たまたま炭化したものが残ったわけであり、土器や弧帯文石以外にさ

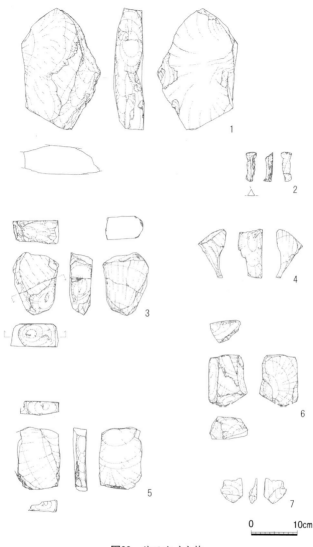

1

2

3

4

5

6

7

0   10cm

図39　サヌカイト片

まざまな有機質のものも埋葬上に収められたと考えられる。

サヌカイト片（図39）　サヌカイトは火山岩の一種で、産出地は瀬戸内海の対岸、香川県の北部である。ガラス質で割れ口は鋭く、旧石器時代から弥生時代後期の初めまで打製石器の素材として利用された。出土資料には、かなり分厚くサヌカイト塊と呼んだほうがよいものもある。

　1〜4が第2埋葬から出土したサヌカイト片である。3は2点が接合できた状態である。最も大きい1は長さ25.7 cm、幅17.3 cm、厚さ6.1 cm の板状である。1は木棺足側小口板を押さえる土にまじえた礫として用いられており、2〜4は墓壙埋土からの出土である。これらだけであれば、サヌカイト片は第2埋葬に供された遺物となるのであるが、5〜7は墳頂や北東突出部など墳丘各所からの出土、あるいは採集であり、本来は中心埋葬の儀式にかかわるものと考えられる。第2埋葬付近の円礫敷にある程度まとまって所在しており、第2埋葬墓壙の掘削によってそれが埋土に混入したと推定できる。

　出土したサヌカイト片はどれも焼いて割られているという共通の特徴がある。また、それぞれの厚さや表面の特徴から、1つの石が破片になっているのではなく、複数のかなり大きな板石が破片になっていると判断できる。焼き割られる前に表面が摩滅するような使われ方をしており、さらに一部では焼き割った後に端を少し剝離させているが、石器を作ろうとしたのではないらしい。

　出土サヌカイト片は、かつて石器の素材として用いられた大形の板状剝片よりも厚く、使い残ったかつての石器素材を持ち出してきたということではない。ここで用いるために新たに香川県域から

持ってきたのか、集落で長く保有されていた特別な石材を儀礼に使ったのか、これも不明であるし、どのような用途であったのかなど、わからないことが多い資料である。いずれにせよ、すでに鉄器が普及し石器製作が過去のものとなった後期後葉でサヌカイトを用いたこと自体が、儀式の一環であったのだろう。発掘調査後に吉留秀敏とサヌカイト自然礫を用いて加熱実験を行い、出土資料と同じ破砕が発生することを確認した。

第9章 | 弧帯文石

⑴ 出土弧帯文石

　図40・41の薄いグレーの部分は表面が失われた範囲である。文様は弧線と直線で構成されるが、平行して弧をなす沈線の単位を帯、それらのカーブや屈曲の中心となる円形部分を渦心円と呼ぶ。渦心円は中央に稜線を設け、それの両側を斜めに下がる面としている。

　全体の形状　丸みをもった直方体で、平面形はほぼ平行四辺形である。長さ56.9 cm、幅32.4 cm である。側面図に示すように図下側が高くなっており、高さ17.7 cm である。上面の状態からわかるように、完全に復元はできず、本来の形状は、厚さ、長さともに10 mm ほど大きくなる。重量は48.2 kg であるが、これも若干プラスになる。全面が加工されているが、形そのものはこうした形に作ったのではなく、原石の形状によると考えられる。

　石材は紅柱石質蝋石である。どのように加工したのか考えるうえでこの石の硬さを知りたいが、遺物を削ってみるわけにはいかないため、山から同種の石材をいくつか拾ってきて彫刻刀で削ってみた。石によって堅さに差があり、案外うまく削れるというものから、力を入れると少しずつ削ることができるというものまでがある。それらと見比べてであるが、堅い方の仲間のようである。彫るには刃幅が広い工具は不向きで、彫刻刀ぐらいがよいようだ。きれいに削ることができ、丁寧に削れば平面を形成できる。蝋石という

名前からごく柔らかい石を想像されるかもしれないが、そうではなく堅めの木材を削って彫刻するといった感じになるようである。薄い灰色や褐色を帯びたくすんだ白色であるが、元は明るくきれいな白色であったと考えてよい。

本体部分　図42に縦と横の断面を示しているが、下側の厚さ12 cm前後の部分が円礫堆中央の下面から出土した本体の石材である。元の形を保っていたが中央で真っ二つに割れていて、さらに亀裂が入っていた。これの近くに側面の一部が剥離して落ちていたが、小口部分付近の長さ20 cmの大きな破片はここから70 cm離れた位置から出土した（巻頭図版9）。本体部分を接合し、さらに格段に大きい破片を接合した重量は37.2 kgである。総重量との差は11.0 kgとなるが、その重量、全体の23%が残りの破片の量である。

破片の状態　この弧帯文石の最大の特徴は、上部および側面の表層が破片となっていることである。断面図に示すように上面から浅い部分で3 cm、深い箇所で8 cmまでが破片となっている。破片の大きさは最大で長さ21 cm、小さいものは粉末にちかい状態である。基本的に内部の破片は塊状で大きく、表面側は小さくて板状あるいは鱗状である。破片化が顕著なのは両小口側であるが、特に図下側は5層程度に割れている。破片の状態から、それが打撃を与えるなどで生じたとは考えられず、石全体が熱を受けて割れた状態、火を焚いて焼き割ったと判断した。これは本体石材周辺の小破片に混じって炭の小片が出土したことからも裏付けられる。接合した破片は139点である。

微少な破片が本体石材の周囲に散在する状況から、陥没によって下への移動はあったが、平面的には検出位置で焼かれたとみてよ

い。その位置は被葬者の頭の真上になる。側面・小口面の破片は落下するとしても、上側の破片は、焼かれた時点では本体の上に乗ったままであったと思われる。木槨が朽ちたことによる沈下を考慮しても、すべての破片がはずれている状況から、意図的に破片を取り

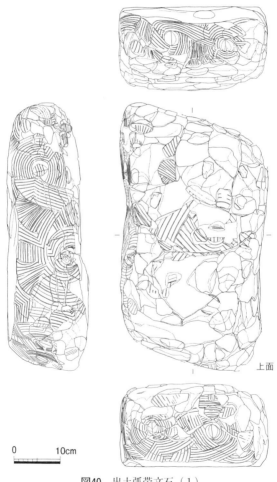

上面

0　　　　10cm

図40　出土弧帯文石（1）

除いて石の破壊を完全なものにしたと考えられる。

　文様構成　上面と側面・小口面には、交差し渦心円をめぐる帯で構成される弧帯文が浮彫で刻まれる。帯を構成する沈線は幅1 mm以下であり、鋭利な刃物で刻まれている。

　上面の線刻は中央にやや広く残るが、他の箇所では断片的に残るだけである。中央やや右に渦心円があり、その少し下にも渦心円の下部が残る。この2つの配置から、痕跡は残らないが、図上側右隅近くにも渦心円が配されていたと考えられる。残存する渦心円の斜

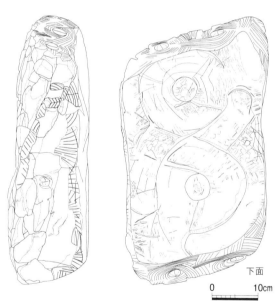

下面

0　　　　　　10cm

図41　出土弧帯文石（2）

面には元あった稜線と平行あるいは直交する沈線が刻まれる。中央の渦心円の左側では幅5.5cm前後の幅広の帯が斜めに交差する。このうち渦心円に近い帯の横断面を図42に示したが、帯の上面は浅い凹面をなす。

　側面・小口面には2あるいは3個の渦心円を配し、それをめぐる帯が配される。帯は4cm前後と細く、6～7条の沈線を入れる。

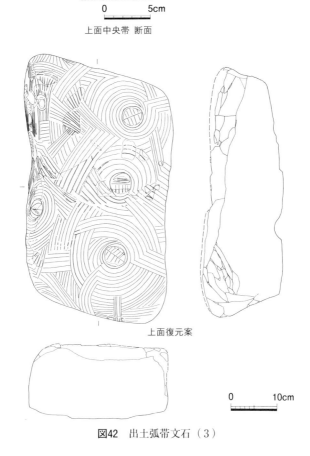

0　　　　5cm

上面中央帯 断面

上面復元案

0　　　　10cm

図42　出土弧帯文石（3）

帯が交差する場合、ごく浅い段を設けるが、それがない場合もある。左側面は最も遺存状態が良く、炎があまり当たらなかった側になるのかもしれない。左右両側面の下部では、下に向かう帯の先端がバチ形に広がっており、左側面ではこれが連なって表示される。

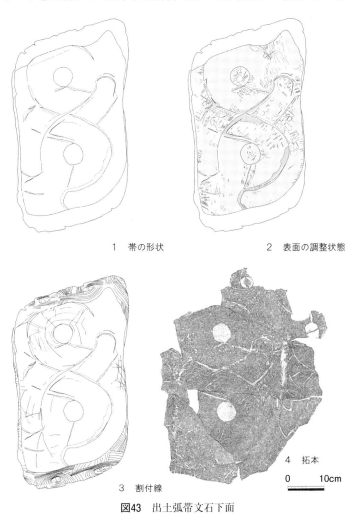

1　帯の形状　　　　　　　　2　表面の調整状態

3　割付線

4　拓本

0　　　　10cm

図43　出土弧帯文石下面

下面の仕上げ　下面は製作の途中で作業を止めた状態であり、ノ
ミ痕跡が残る箇所や平滑に整えられた部分が混在する。中央の２カ
所に渦心円が設けられる。大きさは上面のものと同様であるが、椀
形に彫り凹めてあって稜線や斜面を作り出すことは予定されていな
い。

　下面の図形　帯のレイアウトは以下のように理解できる。渦心円
をめぐる帯は隣接する渦心円に向く位置で、右からきた側が左の帯
の上を通って交差し、隣接する渦心円の帯の外側をめぐる。この帯
は隣接する渦心円の帯の下を、もう一方の帯は上を通る（後掲図47
の２）。渦心円２つという最も単純な構図であるため、弧帯文の基
本となる図形が表示されたと思われる。一部の帯では太い沈線を加
えて単純な基本図形を改変しはじめた様子となっている。帯が交差
する部分は段をなし、内・外の帯の境は段あるいは稜で表示する。
帯の中に軸線に対してやや斜めになる段を配しているが、これらは
外側に向かう帯を設ける予定の位置とみられる。また、左下隅と右
上隅には大まかなバチ形を太い沈線で表示する。

　下面の加工痕と割付線　帯は小形のノミによる彫込みと削り調整で
形成される。ノミ加工ののち削りによって平滑な面に仕上げてお
り、その範囲を薄いグレーで示した。

　頭側の渦心円をとりまく帯、足側左外周の帯、右側縁の中央、こ
れらは面が平滑に整えられた箇所であるが、ここには文様の割付け
がみられる。一見してわかる太さの沈線はわずかで、多くは斜めの
照明で確認できる細い線である。文様をごく大まかに刻んでおり、
正確な割付線ではなく、続く工程での帯の延伸を示しておくケガキ
線といった性格の線とみられる。

下面の特徴 以上の下面に見られる状況から、まず基本図形を大まかに形成したのちに、それを改変していく形で文様を展開することがわかる。加工痕の残り方から、弧帯文石はそれぞれの工程を完了させて次に進むのではなく、一部を先行させて文様を形成し、それとのバランスを見ながら帯を延伸させていったとみられる。もちろん出来上がりイメージはあったであろうが、部分の表現については自由度が高かったのではないかと思われる。

(2) 楯築神社弧帯文石

　長さ89.3 cm、幅91.9 cm、高さ36.2 cm と大形の石製品である。重量は400 kg と推定した。重要文化財に指定されており、指定名称は旋帯文石である。

　江戸時代の出土の前、この弧帯文石がどこに所在したかは不明である。中心埋葬上の円礫壇の上に据えられたとの想定もあるが、検出した円礫堆上面には大石を取り出した形跡はなく、特殊器台片の集積が遺存しているので、そこへ置かれた可能性はない。上面の保存状態はよくなく表面の剥離や欠損が多く、保存状態のよい下面や側面と対照的であり、上面が露出して埋もれる状態が長かった可能性が強い。

　形状と顔 平面形は方形の1隅が丸みをもつ形である。目的の形状に合う石を捜し、それの形状をほぼ活かして製作されたとみられるが、顔付近から丸みをもつ上面前端にかけてはかなり加工して形状を作り出したと考えられる。本来の色調が見える新しい欠損部分では白色で、石材は出土弧帯文石と同じとみてよい。

　前側には浮彫で顔が表現される。縦18.0 cm、横15.2 cm の卵形の

輪郭である。現在一見してそれとわかる目と口は後世の彫込みで、それが重複するため本来の目と口は毀損が大きい。また、頭部も欠損が多い。浮彫で鼻が表現され、沈線でアーモンド形の目が表示される。下まぶたの弧は浅く、残存がよくないが上まぶたの弧は深

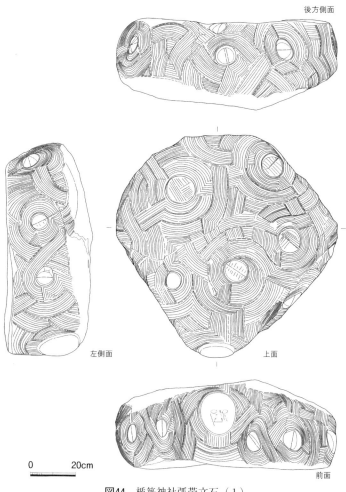

後方側面

左側面　　　　　　　　　　　　上面

0　　　20cm

前面

図44　楯築神社弧帯文石（1）

い。ややきつい表情と言えるかもしれない。向かって左側の目尻近くから口元にかけて斜めに下がる直線があり、入れ墨の表現である（図49の4）。口の有無、形状については不明とせざるをえない。

上面の文様構成　上面および側面は平滑な面に整えられ、施文が

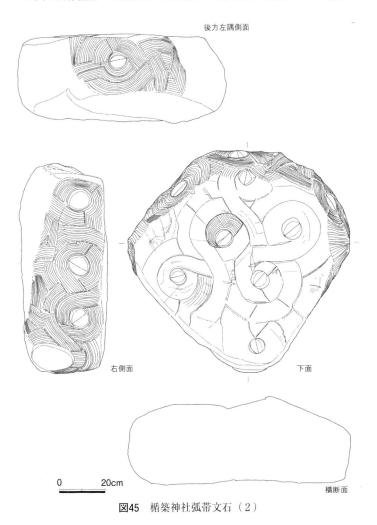

図45　楯築神社弧帯文石（2）

なされる。上面には5つの渦心円を配する。後方左の渦心円が直径11.6 cm とすべての渦心円のなかで最も大きく、前側左は直径7.3 cm と小さい。渦心円は稜線と斜面をもち、斜面に帯が表現される。

　渦心円の外側はそれをめぐる帯で埋められる。帯は、ある箇所では他の帯の下になり、またいずれかの位置で別の帯の上を通る。すべての帯が接続し、1本の帯が切れ目なく全面にひろがるデザインを意図しているように思われる。帯は幅が広く、基本は2重、場所によっては3重に渦心円をめぐっており、前側中央と後側左の大きな渦心円をとりまく帯が広い面積を占める。一方、前側左渦心円では帯は細く、とりまく帯の数が少ない。

　帯は基本的に中央が低くなり横断面は浅い凹面となる（図46）。帯の両側端には幅広で深い沈線からなる側線、中央には側線と同様の中心線が刻まれ、それらの間にあわせて6〜8本程度の細い沈線が配される（巻頭図版19）。

　同心円状にめぐる帯は全周の2、3カ所で外側に折れて隣接する渦心円の帯に接続するが、折れの位置や角度、形状は規則的なものではない。渦心円にそって帯がめぐるため帯の側線が渦心円の縁を回る。この箇所の側線は必ず太い沈線であり、渦心円を際立たせることに留意したように見える。なお、前側中央の渦心円では帯が幅を減じて巻き込まれる形になる。

　側面の文様構成　左右および後方の側面には2つあるいは3つの渦心円を配置し、上面から続く帯がめぐる。幅が狭い側面に渦心円を2重にめぐる帯を収めるため、帯の幅がやや狭く、中心線のない帯が多い。各側面の文様は、それぞれの面の中である程度のまとまりをもつものとなっている。

石材の節理面のため渦心円斜面の欠落や図形の変形が生じている
箇所はあるが、石の原形によって生じるそれぞれの面の形状に応じ
て帯の幅と周回する範囲を調整し、途切れることなく帯をめぐらせ
ている。渦心円の整形具合は前側が丁寧、後方がやや雑という傾向
にあり、あたりまえのことながら、前面から見ることを考えて製作
されている。しかし、帯の構成や仕上げに精粗はなく均一に仕上げ
られている。

　下面の仕上げ　出土弧帯文石と同様、製作が未完了の状態にある
が、渦心円の形状や作り出された帯の状態から、製作を中断したの

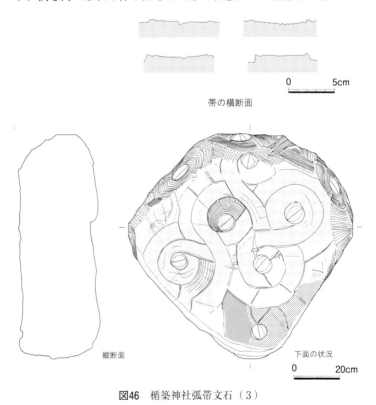

帯の横断面

0　　　　　　5cm

縦断面

下面の状況

0　　　　　20cm

図46　楯築神社弧帯文石（3）

ではなく、未完成な現状を最終的な形として製作したと考えてよい。

下面の帯の構成と文様　配置される渦心円は側面や上面のものよりも小さく、渦心円の周囲にはこれを取り巻く帯が表示される。出土弧帯文石の下面では連接する渦心円が1つであったが、ここでは2つとなるため、構成はより複雑なものになっている。注意されるのは帯の重なり方で、出土の弧帯文石の場合とは逆に、渦心円をめぐって右からきた帯は、左からの帯と交差する際に下をくぐる。加工を続けた場合、完成する文様は同様なものになると思われるが、2つの弧帯文石は基本となる約束事が異なるものとして製作に着手したことがわかる。

出土弧帯文石の下面では帯に沈線は見られなかったが、この資料では中央後側の渦心円の片側に帯が表示される。2つの帯は同じ平面にあり、10本の沈線が密に入れてあり、側線や中心線はないなど、側面や上面の帯の表現とは異なる。

下面の加工痕と割付線　表面の調整が終了しているわけではなく、自然面と、加工痕が明瞭に残る部分が残る。図46では、面を平滑に仕上げ施文可能な状態にしている範囲に薄いグレーを入れ、加工痕が残る範囲を濃いグレー、自然面をドットで示した。

帯の各所には文様の施文予定を示すきわめて細い沈線が見られ

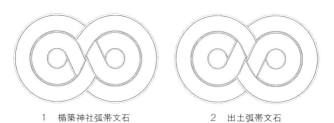

1　楯築神社弧帯文石　　　　　2　出土弧帯文石

図47　弧帯文の基本図形

る。沈線が多いのは中央左側の渦心円をとりまく帯で、平行沈線を丁寧に入れており、屈曲して外に出て行く帯を表示することが予定される。縁辺に刻まれたものはかなり雑な図形であるのに対し、上記のような沈線間隔がそろう丁寧なものが見られる。割付線には2種類があり、前者は今後の作業覚えのケガキ線、後者は施文の下書きと考えられる。

(3)　2つの弧帯文石の関係

　2つの弧帯文石はよく似た文様が刻まれるが、異なる点も多い。一方は長さ1mにちかい大きさで、片や60cmに満たない。楯築神社弧帯文石は出土弧帯文石の約8倍の重量である。一方は完形のまま遺跡に置かれ、もう一方は中心埋葬の上でなされた主となる祭祀の後に、おそらくは祭祀の一部として焼き割られている。

　これらはこの遺跡でなされた葬送儀礼において大きな比重をもつものであったと考えられる。しかし、葬送の思想や儀式に関わる遺物であるうえに類例はごくわずかなため、それらの機能、どのように用いられたかを考えることは簡単ではない。まず、相違点を抽出して2つの弧帯文石の関係を考え、続いて楯築神社弧帯文石にある顔表現を手がかりに、これらがどのようなものであるのか検討してみる。

　中心線と側線（図48）　弧帯文が刻まれる資料は石材・木材と土器に分けることができるが、浮彫で立体的に刻まれるのは石材と木材で、2つの弧帯文石のほかに倉敷市鯉喰神社墳丘墓弧帯文石や奈良県纏向石塚墳丘墓弧文円板など（1～4）がある。これらでは側線が表現されており、中心線があるものも多い。側線は帯の基本要素

であり、中心線は可能なら配するというのが弧帯文の約束事とみられ、そのどちらもないのは出土弧帯文石だけである。

　こうした側線・中心線がない帯は土器の弧帯文に見られる。土器の弧帯文は精粗の差が著しいが、6：岡山市 百 間川原尾島遺跡器台や、5：倉敷市 上 東遺跡鉢のような精製品であっても側線や中心線はない。器壁が薄い土器の場合、器壁の厚さを局部的に変えることになるため深く刻んだ沈線で中心線や側線を表示することはむずかしいとみられるが、沈線の間隔や複数の線でそれらを表現することは容易にできると思われる。しかし、土器の弧帯文ではそうした表現が用いられることはない。祀りの器財という点では同じであ

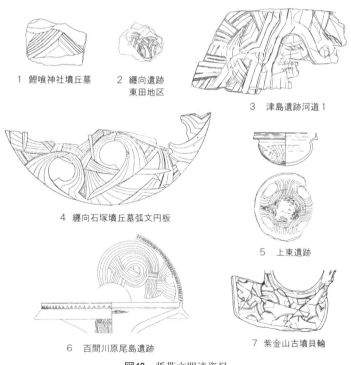

1　鯉喰神社墳丘墓

2　纏向遺跡
　　東田地区

3　津島遺跡河道1

4　纏向石塚墳丘墓弧文円板

5　上東遺跡

6　百間川原尾島遺跡

7　紫金山古墳貝輪

図48　弧帯文関連資料

るが、製作の途中で比較的簡単に弧帯文を入れることができる土器
と、製作に時間を要する石・木の製品とではその重要度には軽重が
あったと考えてよいのではないか。帯表現の差はそれに応じたもの
であり、それと共通する出土弧帯文石の文様もまた、略式の弧帯文
と考えられる。

　基本となる帯の組み方が２つの弧帯文石は逆になることを示した
が、出土弧帯文石は楯築神社弧帯文石のミニサイズ版としてではな
く、わずかに異なるものとして作り分けられたとみることができ
る。略式、楯築神社弧帯文石よりも下の格付けになると考えるが、
製作そのものには略されたところはなく、渦心円の仕上げなどは楯
築神社弧帯文石よりもむしろ入念である。

　顔　この作り分けの意味を考える手がかりとなるのが楯築神社弧

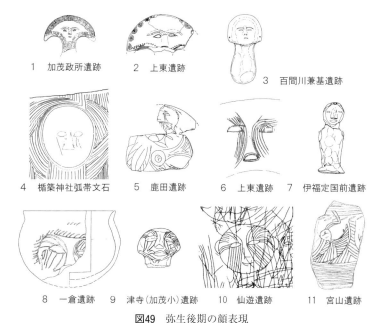

1　加茂政所遺跡　　　2　上東遺跡

3　百間川兼基遺跡

4　楯築神社弧帯文石　　5　鹿田遺跡　　6　上東遺跡　　7　伊福定国前遺跡

8　一倉遺跡　　9　津寺(加茂小)遺跡　　10　仙遊遺跡　　11　宮山遺跡

図49　弥生後期の顔表現

帯文石に作り出された顔である。図49に、この地域の顔が表現され
た資料を示した。楯築神社弧帯文石の顔は、卵形の輪郭にまっすぐ
な鼻筋、丸い目と入れ墨が表現されており、はっきりした眉を特徴
とする後期前半の資料（1：岡山市加茂政所遺跡、2：同上東遺
跡、3：同百間川兼基遺跡）とは異なる容貌である。こうした特徴
をもった顔の表現は、資料は少ないものの吉備南部、讃岐、東海以
東に分布する。論が多岐にわたるのを避けて吉備と讃岐に限れば、
5：岡山市鹿田遺跡、6：倉敷市上東遺跡、8：総社市一倉遺跡、
9：岡山市津寺（加茂小）遺跡、10：香川県善通寺市仙遊遺跡資
料があり、楯築特有のものではないことがわかる。5・6・8～10
では目の上下に複数の線で入れ墨が表現される。7：岡山市伊福定
国前遺跡と11：総社市宮山遺跡は描画できる面積がごく小さいため
十分に特徴を表現しきれなかったと判断している。資料は吉備南部
に集中しており、6：上東遺跡例と9：津寺（加茂小）遺跡例は年
代を確定しがたいが、それ以外の資料から、後期後葉から末葉にか
けて年代がまとまることがわかる。類似した表現が複数の遺跡にわ
たって分布することから、これは人面ではなく、神の顔と考える。
この理解を妥当とすれば、楯築神社弧帯文石は神が宿る場所、神の
依代であったとすることができる。それがどのように機能したかは
むずかしい問題であるが、第Ⅰ部で筆者の考えを示した。

　未完成の下面　繰り返し述べたように、2つの弧帯文石はともに
下面が未完成状態にある。見えない箇所であれば最初から手をつけ
ない、あるいは完全に作ってしまうという考え方もある。しかし、
こうした未完成状態はこの2例に限ったことではなく、先にふれた
資料のうちの2例、津島遺跡装飾板（図48-3）、纒向遺跡東田地区

弧帯石（図48-2）にも見られる。前者では板の左半分に完成した弧帯文、右半分には下書き状態の弧帯文が彫られている。また、纒向遺跡東田地区弧帯石の場合は割付の沈線はあるものの帯の彫出しがなされていない箇所がある。これらから、部分的な製作の停止は楯築墳丘墓の資料に限ったものではないことがわかる。

　完全に文様を形成しない、文様を完周させないのが、本格的な弧帯文の約束事であったと判断できる。弧帯文の思想にかかわる部分とみられ、それがどのような意味をもつのかを推定することは困難と言うほかないが、あえて記せば、弧帯文は神を護る文様であり、外からのものを防ぐ機能が強いため、神のための通路をあけておくといった解釈も一考の余地があるかもしれない。

　楯築神社弧帯文石は、その重量から一度設置すれば動かすことはむずかしい。それに対して小形に作られた出土弧帯文石の特徴は可搬性にある。軽くはないが一人でも移動が可能であり、葬送儀礼の進行に応じて位置を変えることが考慮されたとみることができる。これが儀礼のなかでどのように用いられたか考えることは容易ではないが、神の依代である楯築神社弧帯文石に準じる存在であり、最終的に破砕されることを勘案すれば、一時的な依代と理解でき、亡き首長の霊を一時的に保持するといった機能を担ったと考えてよいのかもしれない。神に通じる道具であるため、焼き割るという石の処置としては最も特殊な方法を用いたのであり、すべてを細片化して消し去ることを目指し、それをほぼ達成したと考える。

　弧帯文石は線刻を別にすれば最古の石彫品であるが、この地の最高位の首長の葬送のために製作されたきわめて特殊な儀器であったとすることができる。

第10章 | 出土遺物と墳丘の築造

(1) 遺物の特徴

　以上に示したさまざまな遺物が葬送の儀式に用いられた。その特徴を大きくまとめてみる。

　①**大量の土器**　土器の量は圧倒的な多さであり、それは埋葬に用いられた朱でも言えることである。①は、用いられた器財の量の多さと言い換えることができる。

　②**土器は飲食の器が主体である**　飲食物を捧げるのが祭祀の基本形である。特殊器台は飲食にはかかわらないが、特殊壺の台座である。特殊壺や長頸壺は酒や水で満たされていたのか、それとも、中身はどちらでもよくて、そうした土器があることが必要だったのか。これについてはもう少し考えてみたい。

　③**共通する文様は組み合う帯**　特殊器台の文様のうち、斜め線を充塡する斜線文は帯の表現と判断した。この文様は人形土製品にも丁字頭勾玉にもあり、家形土器の文様もそれである。また、複合斜線文も交差する帯である。弧帯文石は全面に帯が配され、それが互いに交差し、帯の集合体といってよい。さまざまな表現の帯、それに加えて鋸歯文がほぼすべての器財に刻まれた。

(2) 墳丘の築造と祭祀の過程

　さて、これらさまざまな器財はどのような順序で使われたのか。

きわめてむずかしい問題であり、正解を得ることはむずかしい。以下、墳丘の築造を含めて記述してみるが不明な部分も多く、1つの案である。

①**築造の準備**　どのような墓を作るかを考える。情報を集めつつ墳丘の形・埋葬施設の構造、祭祀の規模などを決める。これには時間を要したはずであり、たとえば大柱については九州に人を派遣して情報を得るなどがあったかもしれない。

②**墳丘の築造・祭祀の開始**　古墳の場合、被葬者存命のうちに、かなりの部分を築いておくものがあったことがわかっているが、この遺跡では土木工事を中断した形跡は見出せていないので、被葬者の死去とともに築造が開始されたと考えておく。

a　堀切状大溝を掘削する。丘陵の斜面を削って整え、低い部分には土を盛っていく。

b　板状の大石をあちこちから集めてくる。大量の円礫を採取する。

c　弧帯文石の石材を調達し、製作を開始する。

d　特殊器台をはじめとする大量の土器の製作を開始する。

e　被葬者の居館に設けた殯屋で祭祀をはじめる。
　　高杯・脚付直口壺・装飾高杯を使用。人形土製品、出土弧帯文石はできあがり次第用いる。

a〜eは並行して進める。

③**墳丘の大部分を完成させる**

a　斜面の列石・円礫敷の構築が完了する。

b　中心埋葬の墓壙を掘削する。

④**中心埋葬の構築**

a　木槨を築く。

　b　排水溝を構築する。

　c　墓壙を半ば埋め戻す。

　d　墳頂に立石・大柱を立てる。

⑤木棺を木槨に収める

　a　棺を設置し埋葬の儀式を行う。

⑥墳頂部を築く

　a　朱をまきながら墓壙を完全に埋め戻し、その過程で2本の
　　　木柱を立てる。さらに墳頂部全体に盛り土をする。

　b　墳頂に円礫を敷き詰める。

これで墳丘の築造が完了する。

⑦墳頂での祭祀

　a　墳頂の円礫敷上に小形の壺や小形の器台、特殊器台、弧帯
　　　文石を配置する。

　b　それらを用いた盛大な儀式を行う。

　c　墳頂の中央に出土弧帯文石を置く。その近くに数個の高杯
　　　などを置く。土製勾玉・管玉を割ってその横に置く。

　d　燃料を持ち込み、それらを焼く。

　e　墳頂の別地点でサヌカイト板石を焼く。

　f　割れた出土弧帯文石の上に2-eで使用した高杯以下の土
　　　器の破片や供物、2-cで用いた道具などをまじえながら
　　　円礫を積み上げる。その過程では朱をまく。

　g　特殊器台を割って、破片を上記でできた円礫の高まりの上
　　　に置く。

　h　斜面の円礫敷に配置した特殊器台や長頸壺を割ったり横倒

しにするなどの片付けを行う。

以上で祭祀が終了する。

⑧墳頂の南側に第2埋葬を設ける

このような経過が考えられる。

　７－ｃ～ｈも祭祀の一部であろうが、祭祀の本体は７－ｂと５－ａ
である。しかし、それがどのようなものであったのかはわからな
い。この２つのうち、どちらが重要であったかも知りがたいが、墳
丘に全土器が配置される７－ｂかと思われる。

　問題は、斜面の２列の列石の間に設けられた円礫敷の特殊器台や
家形土器、これらがどの段階で置かれたかである。３－ａ以降で配
置は可能であり、５－ａのために置かれた可能性がある一方、７－
ｂとも考えられ、いずれとも決めがたい。ここでは前者を考えてお
く。

　このほか、南西突出部埋葬については、それの排水溝が墳丘の築
造にあわせて作られていることがわかっており、中心埋葬と並行し
て構築されたと考えてよい。

第11章 遺跡のその後と整備・周辺案内

⑴ その後の楯築遺跡

　葬送の儀式が終わった遺跡は静寂につつまれ、年月が経過する。ここが再び人々が訪れるのはかなり後のことである。古墳時代後期になって楯築山の山頂から南の裾にかけて向山古墳群が形成される。それらのうち最初の古墳は墳丘墓にかなり近い位置に築かれたとみられ、堀切状大溝の堆積土から円筒埴輪片が出土している。これに続いて築かれるのは横穴式石室墳で、15基の存在が確認されている。これらは現状保存のため発掘調査は行われておらず、ほぼ埋没の状態であるが、そのうちの１基の石材には墳丘墓の斜面立石ではなかろうかと思うものがある。横転して脱落した石材が再利用されたのではと思っている。

　その後、鎌倉時代になると墳丘墓の墳頂が利用されるようになる。掘立柱の建物が設けられ、土師質土器の椀や皿の破片が充満した大きな穴も検出された。椀や皿が多い一方、鍋の破片は少量で、集落ではない。仏教の祀りの場として用いられたと考えられる。量は少ないが、南北朝時代、室町時代の瓦の破片も出土しており、お堂が建てられたことがわかる。

　高松城水攻めの頃の遺物は備前焼擂鉢の破片１点だけである。規模の大きな軍勢が墳丘墓上に布陣したとすれば平坦面の造成など施設の構築が行われるが、そうしたものはないので、見張りのための

小部隊がいたということであろう。

　江戸時代には弧帯文石が信仰の対象となり、それを御神体とする神社が設けられた。昭和にはいり、周辺の土地開発がなされ、発掘調査をへて現在に至る。

　(2)　整　備

　駐車場から緩やかな遊歩道で遺跡に至ることができる。遺跡には説明板が設置され遺跡の概要がわかるようになっている。

　南西突出部を壊して建設された給水塔を撤去することが決まり、遺跡の整備が進められることになった。整備をどのように行うか、これは今後決まっていくことであるので、このようにすべきではないかということは、なかなか書きにくい。ここでは基本的なことがらについて私見を記しておくことにする。

　整備とひとくちに言っても、その内容は多様である。古墳の場合、全面的に整備がなされ、葺石や埴輪列などを含めた往時の墳丘景観全体を復元する場合もあれば、横穴式石室を見学しやすくする程度のものもある。遺跡の内容や周辺環境などさまざまな要素を加味して整備の方針がたてられるようで、こうしなければならないというものではない。

　楯築墳丘墓を整備するとして、いくつか留意すべき点がある。

　1つは、7回にわたる発掘調査が実施されたとはいえ、それは墳丘全体の一部であって、未調査範囲が広く残されており、そこには大量の土器が包含されているという点である。残り部分も調査し全面的な墳丘復元をという考えがあるかもしれないが、将来の検証を可能とするために、調査していない部分は保存しておかねばならな

い。もう1つは、墳丘斜面の上段列石や斜面立石、墳頂の一部の立石についてである。この遺跡の列石や立石は下部の埋め込みがきわめて浅いことが明らかになっているが、そのため、すでに横転したり脱落していなければ、傾いてどうにか立っている状態である。とはいえ、これらには弥生時代の掘方が遺存しており、それを壊さないで立て直すことはむずかしく、現状での保持・保存を考えるべきではないか。また、列石や斜面立石を復元することも掘方の保存という点で無理がある。

　墳頂平坦面の保存は急がれる課題である。墳頂にはごく薄い表土・流土層の下に円礫敷が広がり、円礫面上や流土中には小形の壺や器台の破片が含まれる。以前は研究者にはよく知られていても、それほど見学者が多い遺跡ではなかったが、日本遺産で取り上げられて知名度が上がるにつれて多くの見学者が訪れるようになった。それ自体はよいことであるが、人が通る部分を中心に薄い表土が失われた箇所が目立つようになり、墳頂の遺物や円礫敷の流出・消滅も危惧される状態にある。これの保全・保護は急務である。

　楯築墳丘墓は、吉備という枠にとどまらない、希有できわめて重要な遺跡である。遺跡の保護保存を常に念頭において、この特殊な構造をもつ遺跡をいかにわかりやすく伝えるかを考えることが求められる。掘削をまぬがれて遺存した円丘部を中心とする部分は保存を、削平された部分で存分の復元を考えればよいのではないだろうか。整備事業を担う倉敷市教育委員会の責務は大きく、多大な努力が必要となるであろうが、それに値する事業である。地元をはじめ関係の方々の理解を得てこれを進めることは言うまでもないが、遺跡にかかわる方々も事業の意味を考え、ご協力いただくことをお願

いしたい。

(3)　周辺の遺跡・関連施設

　岡山の遺跡を見てまわるとすれば、公共交通機関だけではちょっとむずかしいかもしれない。楯築墳丘墓だけであればJRの駅からタクシーという方法になるだろう。周辺の遺跡も見るとなれば、レンタサイクルやレンタカーといった手段を考慮してもよいかもしれない。なお、岡山県古代吉備文化財センターのホームページ配下の「デジタル図書室」から「パンフレット」へ移動すると各遺跡・古墳を解説したリーフレット「吉備路の歴史遺産」がある。

　上東遺跡や矢部南向遺跡など著名な弥生集落遺跡もあるが、これらはこのあたりというだけになるので割愛する。まず、楯築関連と、遺跡に近い位置にあるものを順に列挙する。

　岡山県立博物館　楯築エリアとは離れるが、岡山駅からはバスあるいは路面電車で簡単に行くことができる。楯築神社弧帯文石は収蔵施設ののぞき窓から見ることができるが、一部がどうにか見える状況なので、全体をゆっくり見ようと思えばレプリカが通常は展示されているここがおすすめである。重要文化財宮山遺跡出土特殊器台も展示されており、備前焼や備前長船の刀剣、歴史資料などの展示も充実している。月曜日、年末年始、展示替え期間が休館。

　岡山県古代吉備文化財センター展示室　岡山県下全体の考古資料を収蔵しており、そのうちの一部を展示している。直接楯築にかかわる資料はないが、旧石器時代から江戸時代まで、岡山県下の資料を俯瞰することができる。楯築遺跡にも近いので、行程の中におけばこの地域についての理解が深まる。年末年始休館。

中山茶臼山古墳　岡山県古代吉備文化財センターから歩いていくことができる前期古墳。全長105ｍの前方後円墳。ただし、文化財センター駐車場から60ｍほど上の山頂に位置するため山道を行くことになる。大吉備津彦命墓として宮内庁が管理していて墳丘に立ち入ることはできないが、墳丘東側のフェンスにそった山道から後円部の様子や崩れた葺石と思われる石材を見ることができる。

鯉喰神社墳丘墓　（図50）　楯築墳丘墓に続いて築かれた大形の墳丘墓。平面形が長方形で、長さ40ｍである。弧帯文石の破片が出土しており、楯築墳丘墓の後に築かれた「王墓」である。低い尾根の先端に築かれており、当時の人々に間近に墳丘を見せるという立地である。また、楯築墳丘墓を仰ぎ見る位置に所在することも興味深い。特殊器台や高杯の破片、弧帯文石が採集されている。墳丘上には、温羅説話にかかわる鯉喰神社が所在している。

王墓山古墳　楯築墳丘墓の南400ｍに所在する後期古墳。横穴式石室は遺存していないが、貝殻石灰岩を用いた組合式家形石棺を見ることができる。画文帯四仏四獣鏡、小札

墳丘

特殊器台の文様

図50　鯉喰神社墳丘墓

甲をはじめとする鉄製武具や武器、多量の須恵器が出土しており、それらは東京国立博物館に収蔵されている。遊歩道を伝えば、現状保存された他の後期古墳を見て回ることもできる。駐車可能。

鬼ノ城 楯築墳丘墓とは異なる7世紀の古代山城であるが、温羅説話でつながる。一部の城門や土塁が復元されており、城の威容を間近に見ることができる。他の遺跡とは離れた山の上にあるので移動時間を見込まなければならず、規模が大きいため見学にも時間はかかるが、その値打ちはある。行程に余裕があれば行ってみることをおすすめする。駐車場・ガイダンス施設あり。月・年末年始休館。

造山古墳 全長350mと全国第4位の墳丘規模をもつ巨大古墳。古墳時代中期。自由に訪れることができる古墳としては全国最大で、吉備が政権のなかでどのような位置であったかを考えさせる古墳である。3段築成築成の墳丘、後円部頂の広い平坦面など、いずれもずば抜けた大きさである。前方部上に阿蘇溶結凝灰岩製の刳抜式長持形石棺がある。円筒埴輪のほか、蓋形、靫形、家形などの形象埴輪が採集されている。

陪塚の「榊山古墳は全長81mの帆立貝形古墳で、墳丘の整備・復元がなされている。吉備最古の横穴式石室を見ることができる。駐車場・ガイダンス施設・トイレあり。

こうもり塚古墳・備中国分寺・備中国分尼寺跡・宿寺山古墳 これらは吉備路風土記の丘駐車場（トイレ有）の徒歩圏に所在する。こうもり塚古墳は墳丘全長96mの前方後円墳。巨石を用いた全長19mの横穴式石室をもつ。古墳時代後期。

宿寺山古墳は墳丘全長116mの前方後円墳。古墳時代中期。埋没

しているが、周濠をもつ。三角板鋲留短甲や鉄製武器などが出土
している。

　備中国分寺と国分尼寺はことさらに説明する必要はないだろう。
奈良時代に国々に設けられた寺院である。国分寺には江戸時代に再
建された伽藍があり、五重塔が景観のポイントとなっている。国分
尼寺は松林の中に整然と並ぶ礎石を見ることができる。

　作山古墳　全長282 m、全国第10位の巨大古墳。３段築成の墳丘
がよくわかる。古墳時代中期。駐車場あり。中期の大形前方後円墳
は造山、作山、宿寺山の順に築造される。

　このほかに、楯築エリアからは離れるが展示施設として総社市埋
蔵文化財学習の館展示室がある。柳坪遺跡出土特殊器台、こうもり
塚古墳副葬品など総社市域出土の遺物が展示されている。土・日・
祝・年末年始が休館。

　楯築から西側の造山・作山にかけての範囲にはさらに巨石墳など
多数の古墳や遺跡が集中し、南には最後の墳丘墓が所在する宮山遺
跡もある。さらに西に足を伸ばせば箭田大塚古墳や黒宮大塚墳丘
墓、東には牟佐大塚古墳、両宮山古墳・備前国分寺跡などがある。
時間をかけての探訪を計画していただきたい。なお、ガイダンス施
設や博物館等の休館日などの最新情報はホームページ等で確認して
いただきたい。

参考文献

石野博信ほか 1976『纒向』奈良県立橿原考古学研究所編　桜井市教育委員会

上原真人ほか 2005『紫金山古墳の研究―古墳時代前期における対外交渉の考古学的研究―』平成14~16年度科学研究費補助金（基盤研究（Ｂ）（２））研究成果報告書　京都大学大学院文学研究科

宇垣匡雅 2016「特殊器台祭祀の性格とその波及」『古代吉備』第27集

宇垣匡雅 2021『楯築墳丘墓』岡山大学文明動態学研究所・岡山大学考古学研究室

宇垣匡雅 2022「鯉喰神社墳丘墓特殊器台」『岡山県立博物館研究報告』第42号

岡林孝作 2018『古墳時代棺槨の構造と系譜』同成社

岡山県教育委員会 1980『旭川放水路（百間川）改修工事に伴う発掘調査Ｉ』百間川原尾島遺跡1　岡山県埋蔵文化財発掘調査報告39

岡山県古代吉備文化財センター 1996『百間川兼基遺跡2・百間川今谷遺跡2』岡山県埋蔵文化財発掘調査報告114

岡山県古代吉備文化財センター 1998『伊福定国前遺跡』岡山県埋蔵文化財発掘調査報告125

岡山県古代吉備文化財センター 1999『加茂政所遺跡・高松原古才遺跡・立田遺跡』岡山県埋蔵文化財発掘調査報告138

岡山県古代吉備文化財センター 2001a『下庄遺跡　上東遺跡』岡山県埋蔵文化財発掘調査報告157

岡山県古代吉備文化財センター 2001b『上東遺跡』岡山県埋蔵文化財発掘調査報告158

岡山県古代吉備文化財センター 2003『津島遺跡4』岡山県埋蔵文化財発掘調査報告173

岡山市教育委員会文化財課 2009『津寺（加茂小・体育館）遺跡』

岡山大学埋蔵文化財調査研究センター 1988『鹿田遺跡1』岡山大学構内遺跡発掘調査報告第3冊

近藤義郎 1977「古墳以前の墳丘墓―楯築遺跡をめぐって―」『岡山大学法文

　　学部学術紀要』第37号

近藤義郎編 1987「倉敷市楯築弥生墳丘墓第Ⅴ次（昭和60年度）・第Ⅵ次（昭
　　和61年度）発掘調査概要報告」倉敷市教育委員会

近藤義郎編著 1992『楯築弥生墳丘墓の研究』楯築刊行会

近藤義郎 2002『楯築弥生墳丘墓』吉備考古ライブラリィ8　吉備人出版

桜井市教育委員会 2006『東田大塚古墳』奈良盆地東南部における纒向型前
　　方後円墳の調査　桜井市内埋蔵文化財1998年度発掘調査報告書

善通寺市教育委員会 1986『仙遊遺跡発掘調査報告書』旧練兵場遺跡仙遊Ⅰ
　　地区

高田明人 1987「一倉遺跡」『総社市史』考古資料編

都窪郡教育会 1923『都窪郡誌』

永山卯三郎 1921「片岡山古墳址」『岡山県史蹟名勝天然記念物調査報告』第
　　1冊　岡山県史蹟名勝天然記念物調査会

平野泰司・岸本道昭 2000「鯉喰神社弥生墳丘墓の弧帯石と特殊器台・壺」
　　『古代吉備』第22集　古代吉備研究会

光本　順 2016「鹿田遺跡出土線刻人面土器の歴史的位置」岡山大学埋蔵文
　　化財調査研究センター編『吉備の弥生時代』吉備人出版

和田晴吾 2014『古墳時代の葬制と他界観』吉川弘文館

写真図版出典・所蔵・提供一覧

下記以外は宇垣 2021から転載。

図2　国土地理院数値地図1/25,000を複製し加筆。宇垣 2021から転載。

図3　国土地理院図1/5,000国土基本図 V-OC 98 昭和38年を複製し加筆。宇垣 2021から転載。

図4・5　宇垣 2021を加筆・改変。

図6・12・13・23・25・26　岡山大学考古学研究室提供。

図20　宇垣 2021を改変。

図48　石野ほか 1976、岡山県教育委員会 1980、平野・岸本 2000、岡山県古代吉備文化財センター 2001a・2003、上原ほか 2005、桜井市教育委員会 2006。

図49　善通寺市教育委員会 1986、岡山県古代吉備文化財センター 1996・1998・1999・2001ab、高田 1987、岡山大学埋蔵文化財調査研究センター1988、岡山市教育委員会文化財課 2009、光本 2016。

図50　墳丘図：岡山大学考古学研究室提供、文様：宇垣 2022。

表紙写真、巻頭図版1・5〜19　岡山大学考古学研究室提供。

巻頭図版2・3　宇垣撮影。

巻頭図版4　宇垣 2021を改変。

あ と が き

　楯築墳丘墓の発掘調査は、いささか昔のことになる。数多くの仲間たちと議論し考えながらの発掘は、その後の調査研究の基礎となった。これは筆者一人でなく、これに参加した全員の思いだろう。近藤義郎先生をはじめ、小野昭、都出比呂志、広瀬和雄、吉田恵二、吉田晶さん…、多くの先生・先輩方に教えてもらったり飲んで騒いだり。後から考えると、とてつもなく豪華な時間でもあった。

　遺物整理の弧帯文石はコラム３に記したが、円礫堆出土の特殊器台の方も大変だった。復元開始時点では、特殊器台何個分の破片が混じりあっているのか、楯築の特殊器台はどういう形をしているのか、それらが全く不明であった。君は麻雀の才能があるねとか先輩におだてられつつ作業を開始し、破片の接合と検討を続けて、ようやく２つあって、１つは完全復元できるとなった。復元で欠落部分を埋める石膏は、上から流し込むのが基本である。土器を横に倒して作業しようとしたが、そうすると、土器の重みでせっかく復元した箇所が壊れてしまうという困ったことになった。結局４つほどのパーツに分けて作業し、それをどうにかして接合することにしたが、弧帯文石と同じく、苦心の作であった。

　卒業論文では特殊器台を扱い、楯築のことは常に念頭にあったが、繁忙のきわみにあった埋蔵文化財保護行政に身を置いたこともあって、1992年に刊行された報告書に参画することはむずかしかった。その報告書に基本的な成果は示されたが、正直なところ欠落も

少なくなかった。では、どうするか。調査全体にわたる報告書の作成を一人で背負い込んで作業をはじめたら本当に大変なことになる。それは目に見えていたが、お蔵入りにするには重要すぎるデータである。わかりにくい遺構実測図も多く、将来誰かが整理できるかといえば望み薄。やっておけばよかったとあとで後悔するよりはましだろうと、土日中心で作業にとりかかった。グリッドはどうなっていたかな、から始めたが、思い出せるものである。とはいえ、案の定、長期戦になって、半壊状態になりながら、どうにか刊行にこぎつけた。これがなんとかなったのは、岡山大学考古学研究室の皆さんの支援の賜物である。

　この報告書では、近藤先生が示された考えとは異なる評価も示した。筆者の見解もまた、さらに研究を進めるなかで修正を加えていただければありがたいと思っている。

　本書は、こうして作った報告書をもとに作成した。報告書の抜粋だけではつまらないので、たいして進んではいないがその後の研究の成果や、多少踏み込んだ評価も加えるようにした。

　高校生が読んでもわかるようなものをというリクエストで書き始めたものの、結局それからはほど遠いものになってしまった。遺構・遺物の羅列なら簡単だが、複雑でいささか重厚すぎるそれらについての評価や意義を平明に書くことはとてもむずかしい。博物館の展示説明で常に考えることでもあるのだが、それを改めて実感させられた作業であった。監修の水ノ江和同さん、編集の工藤龍平さんには文句を言いわがままを押し通しと、ずいぶんご迷惑をおかけしたことをお詫びし、お世話になったお礼を申し上げたい。

　　　2024年5月　　　　　　　　　　　　　　　　　宇垣匡雅

水ノ江和同　近江俊秀　監修「新日本の遺跡」④

楯築遺跡

<small>たて つき い せき</small>

■著者略歴■

宇垣　匡雅（うがき・ただまさ）

1958年、岡山県生まれ

岡山大学法文学専攻科修了。博士（文学）

岡山県教育庁文化課等、岡山県古代吉備文化財センターを経て、現在、岡山県立博物館勤務

主要論著　『古墳時代の政治構造』（共著）青木書店、2004年。『両宮山古墳』日本の遺跡14、同成社、2006年。『楯築墳丘墓』岡山大学文明動態学研究所・岡山大学考古学研究室、2021年。「宮山遺跡出土遺物の研究」（共著）『岡山県立博物館研究報告』第44号、2024年。

2024年6月20日発行

著　者　宇　垣　匡　雅
発行者　山　脇　由　紀　子
印　刷　亜　細　亜　印　刷　㈱
製　本　協　栄　製　本　㈱

発行所　東京千代田区平河町 1-8-2
（〒102-0093）山京半蔵門パレス　㈱ 同成社
TEL　03-3239-1467　振替　00140-0-20618

①三万田東原遺跡

九州縄文人のアクセサリー工房

大坪志子著　四六判 146頁　本体1800円

大量の縄文土器が出土し百年以上の研究史をもつ三万田東原遺跡。近年の調査で判明した玉製作の実態など、遺跡の魅力を平易に語る。

②大宰府跡

古代九州を統括した外交・軍事拠点

赤司善彦著　四六判 154頁　本体1800円

古代の九州諸国を統括しつつ、平時には外交、戦時には国防の最前線を担った大宰府。考古学的な視点から、その全貌を平易に解説する。

③旧相模川橋脚

関東大震災によって蘇った中世の橋

大村浩司著　四六判 138頁　本体1800円

関東大震災による液状化で地表に現れ、史跡と天然記念物の２つの性格をもつ稀有な存在である本遺跡の特性を考古学的に解説する。